SPARKNOTES™

다락원 | Spark Publishing

고백록

Confessions

성 어거스턴

다락원 | Spark Publishing

SPARKNOTES™ 017

고백록

펴낸이 정규도
펴낸곳 (주)다락원

초판 1쇄 인쇄 2009년 4월 20일
초판 1쇄 발행 2009년 4월 27일

책임편집 안창열
디자인 정현석
번역 마도경
표지삽화 손창복

다락원 경기도 파주시 교하읍 문발리 509-1
내용문의: (031)955-7272(내선 400)
구입문의: (02)736-2031(내선 112~114)
Fax:(02)732-2037
출판등록 1977년 9월 16일 제300-1977-23호

Copyright © 2009, 다락원

출판사의 허락 없이 이 책의 일부 또는 전부를
무단 복제 · 전재 · 발췌할 수 없습니다.
잘못된 책은 바꿔 드립니다.

값 7,000원

ISBN 978-89-5995-182-6 43740

http://www.darakwon.co.kr
일이관지(一以貫之) 논술팀이 제시한 실전 연습문제 답안작성
논술가이드는 www.darakwon.co.kr에서 무료 제공합니다.

세계의 교양을 읽는다

고전을 왜 읽는가?

인간의 삶과 세상에 대한 영원한 물음이 있기 때문이다. 시대와 사상을 뛰어넘어 지금 여기 우리에게 필요한 물음이 없는 고전은 더 이상 고전이 아니다. 인간과 삶에 대한 근원적인 물음 없이 고전을 읽는다면 자신과 인간에 대한 성찰과 지혜로 이어지지 않는다. 논술 시험 때문에, 과제물 때문에, 아니면 남들이 읽으니까, 나도 읽는다는 식이라면 그 책은 죽은 책일 수밖에 없다.

고전을 살아 있는 책으로 만드는 이 '물음!'에 답하기 위해서는 좋은 길잡이가 필요하다. 오랜 기간 동안 미국의 고교생과 대학 주니어들이 시험, 에세이 작성, 심층토론 준비를 위해 바이블처럼 애용해온 'SPARKNOTES'와 'CliffsNotes'는 바로 그런 좋은 길잡이의 표본이다. 이 두 시리즈가 원조 논술연구모임인 '일이관지(一以貫之)' 팀의 촌철살인적 해설을 곁들여 논술로 고민중인 대한민국 학생 여러분을 찾아간다.

SPARKNOTES와 CliffsNotes의 가장 큰 장점은 방대하고 난해한 고전을 Chapter별로 요약하고 분석해서 원전의 내용에 보다 쉽고 체계적으로 접근하는 신속·간편성이라고 할 수 있다. 여기에 '一以貫之' 팀이 원전의 중요한 문제의식, 즉 근원적 '물음'은 무엇이며, 그 '물음'은 오늘날에도 여전히 유효한가, 라는 질문을 다시 던진다.

대입논술로 고민하고, 자칭 타칭의 고전이 넘쳐나는 오늘의 독서풍토에서 지적 정복이 긴박한 대한민국 학생들에게 감히 이 시리즈를 자신있게 권한다.

一以貫之 논술연구모임 연구실장 이호곤

차례

이 책의 구성

SPARKNOTES와 CliffsNotes는 방대하고 난해한 원작을 보다 쉽게 이해할 수 있도록 돕는 안내서입니다. 여기에는 원작 이해를 돕기 위해 매 장마다 '요점 정리(또는 줄거리)'와 '풀어보기'가 실려 있습니다. '요점 정리(또는 줄거리)'에는 원저의 내용을 일목요연하게 정리해 놓아 저자가 전달하려는 내용을 어렵지 않게 파악할 수 있습니다. '풀어보기'에서는 철학서의 경우, 원저에 담긴 저자의 사상이나 관련 철학, 시대 상황, 논점 등을, 문학 작품인 경우에는 원작에 담긴 문학적 경향, 등장인물의 심리상태, 주제 등을 설명해 놓았습니다. 분석적이고 비판적인 글읽기의 바탕이 되는 요소들이죠. 비소설이나 소설을 막론하고 분석적이고 비판적인 글읽기는 독자에게 꼭 필요한 자질입니다.

그밖에도 원저를 좀더 깊이 복습해서 제대로 소화할 수 있도록 돕기 위해 'Study Questions'와 'Review Quiz' 등을 마련해 놓았습니다.

* 〈 〉는 철학서, 장편소설, 중편소설, 수필집, 시집. " "는 단편소설, 논문
* 작품명은 독자의 이해를 돕기 위해 예외적인 경우를 제외하고는 영어식으로 표기함.

● 일이관지(一以貫之) 논술노트

권말에는 일이관지 논술팀에서 작성한 논술노트가 실려 있습니다. 원저를 우리의 삶과 연계시켜 비판적 사고와 논리적 글쓰기의 방향을 제시합니다.

● 실전 연습문제

논술예제와 기출문제를 통해서는 원작을 바탕으로 출제 가능성이 높은 논점을 함께 숙고해 봅니다.

간추린
명저
노트

역사적 배경과 저자에 대하여

서기 354년 11월 13일 태어난 성 어거스틴 Saint Augustine(아우렐리우스 아우구스티누스 Aurelius Augustinus)은 로마 제국 영토였던 북아프리카(지금의 알제리 동부 지역)에서 유년기를 보냈고, 집과 학교에서는 라틴어를 사용했다. 그의 부모는 결코 부유하지 않았지만 그렇다고 아주 궁핍하지도 않았다. 변변찮은 소지주*였던 아버지 패트릭(파트리키우스)은 말년에 세례를 받을 때까지 평생 이교도로 살았으며, 독실한 기독교도였던 어머니 모니카는 항상 아들이 세례 받은 기독교 신자가 되기를 바랐다. 어머니는 〈고백록 Confessions〉에서 아버지보다 훨씬 많이 등장한다.

기독교가 탄생한 지 4세기쯤 지났을 무렵 집필된 〈고백록〉의 시간적 배경은 어거스틴이 기독교도가 되기까지 겪어야 했던 많은 고뇌를 이해하는 틀이란 점에서 상당 부분을 읽을 때까지 반드시 염두에 두어야 할 중요한 사항이다. 당시의 기독교는 마니교 같은 기독교 분파들, 신플라톤

---

* 헨리 채드윅은 오비드(Ovid. 로마 시인)가 '빈민'을 '자기가 소유하는 양의 숫자를 아는 사람'으로 정의한 것으로 미루어 패트릭이 '자기가 소유한 양의 숫자를 알았을 가능성이 크다'고 썼다.

주의를 비롯한 세속적인 철학사상, 오시리스* 숭배 같은 고대 종교로의 회귀, 그리고 수많은 '이교도적' 색채를 띤 고대 그리스 로마 시대의 신들에 대한 속죄 의식(어거스틴이 오랫동안 진입을 시도했던 로마 귀족층이 주로 믿었던 종교) 등이 혼재하는 환경에서 신자 확보 경쟁을 벌이는 신생 신앙 철학에 불과했다. 정통 기독교든 기독교 분파든, 기독교 신자가 된다는 것은 사회구성원에게는 정상적인 행위로 여겨지지 않았으며, 실제로 어거스틴이 거의 젊은 시절 내내 추구했던 공직 경력에도 장애가 될 수 있었다.

어거스틴은 〈고백록〉에서 십대를 매우 퇴폐적이고 헛되게 보냈노라고 회상하고, 자신이 받은 교육에 대해서도 유감을 표시한다. 이 시절에 그는 문학, 수사학, 논증법 등을 배웠고, 열일곱 살 때는 한 여인과 동거도 시작했다. 기독교의 가르침뿐만 아니라 세간의 규칙에도 어긋나 성공적인 공직 생활에 부담이 되는 동거생활은 15년 정도 이어졌으며, 그녀와의 사이에서 아들 아데오다투스를 얻었다.

카르타고에서 뛰어나지만 조용한 학생으로 학업을 마친 어거스틴은 타가스테로 돌아가 학교를 세우고 교사로서 사회생활을 시작한다. 그러나 친한 친구가 세상을 떠나자

---

* **오시리스**(Osiris): 이집트 신화. 저승을 지배하는 신. 고대 이집트와 그리스 로마 등지에서 숭배되던 최고의 여신 이시스(Isis)의 오빠이자 남편.

그곳 생활에 염증을 느낀 나머지 다시 카르타고로 가서 교사 일을 계속했으며, 마니교의 청자가 된 것이 바로 이 시기다. '청자'란 정통 마니교의 신자 등급에서 이른바 '선민(성직자)'보다 신분이 낮고 덜 열성적인 신도 집단을 가리킨다.

페르시아 왕족의 후예로서 자칭 선지자인 마니(Mani. 216-277)는 (본래 선한) 하느님이 창조한 세계에서 악이 존재하는 논리적 모순을 주로 다루기 위해 의도된 우주론을 발전시켰다. 마니의 주장인즉슨 하느님은 전능하지 않고, 실제로는 자신의 적인 악과의 끝없는 투쟁에 속박되어 있다는 것이었다. 이 우주에는 영원부터 선한(빛) 신과 악한(어둠) 신이 존재했고, 이 세상에서 체험되는 선과 악의 근원이 바로 이 두 신이라는 것. 이것으로 하느님의 뜻이 없이도 어떻게 악이 존재할 수 있는지 설명이 된다. 이 악의 화신이 모든 감각적인 쾌락(특히, 섹스)을 초래하는 것으로 여겼던 마니교도들은 일련의 복잡한 섭생법과 내부 규약을 지키는 결벽주의자들이었다.(선민은 결혼하지 않고 고기를 먹지 않았다.)

마니교 경전은 어거스틴의 말대로 '훌륭한 라틴어'로 쓰여졌고 분량도 만만치 않았기 때문에 마니교 신도들 가운데는 어거스틴을 비롯해서 높은 학식과 교양을 갖춘 사람들이 많았다. 마니교는 기독교와 달리 강렬하면서도 수사학적으로 화려했으며 우주론에 크게 의존했던 색채가 분명한 종교였다. 당시 라틴어 성경의 내용이 특히 빈약하고 비문학적이었다는 점을 감안하더라도 10년 동안 어거스틴은 아둔하고 세련되지 못하다고 생각했던 성경의 단순한 우화보다는 미사여구 가득한 마니교의 논거를 더 좋아했다. 그러나 높은 보수, 난폭하지 않은 학생, 그리고 성공의 기회를 찾아 카르타고에서 로마로 갔다가, 이번에는 수업료 납부 시기가 되면 작당해서 다른 교사에게로 가는 질 나쁜 학생들에게 염증을 느끼고 다시 밀라노로 가는 과정에서 그는 점차 마니교의 몽상적인 우주관과 난해한 교리에 의심을 품게 되었다. 가장 고민스러웠던 문제는 이미 일식 현상 등을 예측하는 수준에 올라 있던 신생 천문학과 마니교 교리의 불일치였다. 어거스틴은 마니교의 현자인 파우스투스를 만난 뒤 더욱 진실하고 덜 시끄러운 신앙 형태를 탐구할 준비를 갖추게 된다.

마니교를 대신해서 어거스틴의 마음속에 자리 잡은 믿음은 소수의 박식한 추종자만을 거느린 신플라톤주의 철학이다. 특히 악의 문제에 대한 해법과 철학적으로 성경과 흡사하다는 점이 감동적이었고, 설교를 통해 언뜻 단순해 보이는 성경 속의 우화들에서 심오한 비유적 의미를 읽어내는 법을 가르쳐준 밀라노의 기독교 감독 암브로스도 커다란 영향을 주었다.

이런 성경 구절들을 마음에 새긴 채 오랫동안 고뇌하던 어거스틴은 386년 7월 드디어 셋집 정원에서 개종을 경험한 뒤 기독교에 헌신하기로 결심했고, 암브로스에게 세례를 받았다. 그 후 얼마 지나지 않아 어머니가 56세를 일기로 세상을 떠났다. 어머니의 장례식은 〈고백록〉의 자전적 부분에 완벽하게 기록되어 있다. 그로부터 13년 후, 어거스틴은 부모의 가산을 정리해서 자기 집에 수도원을 만들기 위해 타가스테로 돌아온 후에 〈고백록〉을 쓰기 시작했다.

그가 이 글을 쓰기로 마음먹은 이유는 396년 히포(북아프리카 소재)에서 기독교 감독으로 재직할 때 했던 서약과 크게 관련이 있는 듯하다. 그 직책은 본인이 원했다기보다는 거절하기 힘든 제안이었을 가능성이 높다. 당시에는 성직을 강제로 임명하는 일이 다반사였던 것. 그러나 비판자들은 마니교도 전력, 현란한 수사학 능력, 그리고 개종한 기간이 비교적 짧다는 점 등을 들어 그가 과연 적임자인지를 놓고 줄기차게 이의를 제기했다. 〈고백록〉은 부분적으로 이런 비판자들에 대한 답변이자 과거에 저지른 실수를 공개적으로 고백하고, 진심과 시(詩)를 통해 하느님을 찬양하는 한편, 마니교도를 가차 없이 비판하고 있다.

　〈고백록〉은 자서전적 요소에 철학, 신학 이론, 그리고 성경에 대한 중요한 주석 등이 결합된 작품이다. 제1권*부터 제9권까지는 회고 형식으로 구성되어 있으며, 출생(354년)부터 기독교 개종(386년), 그리고 그 후 겪었던 여러 사건들에 관한 이야기를 담고 있다. 그러나 그는 이 저서를 단순히 지나온 삶을 회고하는 기회 이상의 목적으로 이용하고 있다. 여기 언급된 사건 가운데 종교적이나 철학적인 설명이 달려 있지 않은 경우는 거의 없다는 사실에서 알 수 있듯 이 사건들은 사실상 이처럼 더 큰 논점을 다루기 위한 장치인 셈이다.

　알제리 동쪽에 위치한 타가스테에서 태어나고 자란 어거스틴은 이곳을 아둔할 만큼 죄 많은 사회라고 생각한다. 초등학교에서는 그릇된 목표를 지닌 미심쩍은 공부를 가르쳤고, 어거스틴을 비롯한 아이들은 한결같이 하느님이 아니라 덧없고 물질적인 일을 헌신적으로 추구하도록 교육시켰다. 어거스틴은 타가스테와 카르타고에서 보낸 학창시절

---

*　여기서 '권(Book)'은 책 한 권이 아니라 책 속에 들어 있는 '장(Chapter)'과 같다. 따라서 〈고백록〉은 13장으로 구성된 한 권의 책인 셈.

에 성적 쾌락과 그릇된 철학(특히 마니교)에 열중했는데, 이 시기를 통해 물질세계에 빠지면 엄청난 정신적 무질서와 혼란, 그리고 고통이 초래된다는 사실을 깨달았다.

그 후 청년 시절에는 철학적 진리를 추구하고, 마니교, 회의론, 신플라톤주의 철학을 깨우치려는 열망에 사로잡힌다. 그에게 가장 큰 영향을 미친 것은 신플라톤주의인데, 〈고백록〉은 기독교 신학과 신플라톤주의의 이상을 절묘하게 융합시킨 최고 걸작이라고 할 수 있다.

타가스테로 귀향했다가 카르타고로, 다시 로마와 밀라노로 거처를 옮긴 어거스틴은 그 동안 배운 지식에 대해 의구심을 갖기 시작했고, 어머니의 신앙인 기독교에 흥미를 느끼면서 줄곧 고뇌한다. 그러나 한편으로는 훗날 공허한 언어를 파는 장사꾼이라며 언짢은 심정을 토로했던 수사학 교사로서 출세하기 위해 애썼고, 돈과 명예와 정욕을 내던지지 못했다. 그의 인생이 바뀐 시기는 밀라노에서 살면서부터다. 기독교가 유일하고도 진정한 진리가 담긴 신앙이라고 확신하면서도 여전히 의지 부족으로 독실한 신앙생활에 뛰어들지 못하다가 마침내 세를 들어 있던 집 정원에서 그 유명한 개종을 경험했던 것.

자서전과는 거리가 먼 〈고백록〉의 마지막 네 권은 단지 기억(제10권), 시간과 영원(제11권), 창세기 해석(제12, 13권) 같은 종교적이고 철학적인 문제를 정면으로 다루고 있지만, 이처럼 느닷없는 구성상의 변화에도 불구하고 전체적으로는 뚜렷한 일관성을 지닌다. 제1권부터 제10권까지 매우 심오하고 사색적인 전기를 써내려가는 과정에서 그 이후에 다루게 될 여러 개념과 주제를 소개하고 있기 때문이다. 이 책에서 드러나는 일관된 주제는 속죄다. 어거스틴은 하느님 품으로 돌아가는 자신의 고통스러운 여정을 하느님의 완전한 피조물이 재탄생하는 순간으로 본다.

이 책의 형태는 집필 의도 및 내용과 밀접한 관계를 맺고 있다. 하느님의 피조물이 재탄생하는 과정과 그 재탄생의 경험을 다른 사람들에게 적극적으로 독려하기 위한 작품이기 때문에 하느님에 의해 창조된 한 인간이 하느님에게 직접 말을 거는 매우 독창적인 형태를 취하고 있는 것. 이런 맥락에서 어거스틴에게 〈고백록〉은 스스로의 죄를 시인하고 하느님을 찬양하는 이중적인 의미가 있다.

● **타가스테** Thagaste | 알제리 동부(당시에는 로마 제국 영토)에 위치한 어거스틴의 고향. 이곳에서 초등학교까지 다닌 어거스틴은 공부를 더 하기 위해 카르타고로 떠난다. 그 후 학생을 가르치기 위해 되돌아왔다가 가장 절친한 친구가 죽자 이곳에 염증을 느끼고 영원히 작별을 고한다.

● **모니카** Monica | 어거스틴의 어머니. 독실한 기독교 신자. 타가스테, 카르타고, 밀라노, 오스티아 등지로 아들을 따라다닌다. 어거스틴은 어머니가 하느님의 '도구'로서 자신을 구원했다고 생각한다. 어머니는 어거스틴이 어렸을 때 세례 받을 준비가 되지 않다는 생각에서 그 의식을 훗날로 미루었지만 개종하라는 독려를 멈춘 적은 없다. 〈고백록〉에는 어머니와 관련된 '신비한 체험'이 많이 언급되는데, 가장 중요한 체험은 어머니와 함께 오스티아에서 겪은 '영원한 지혜'(제9권)에 관한 것.

● **카르타고** Carthage | 어거스틴은 카르타고에 두 번 갔다. 첫 번째는 타가스테에서 초등학교를 마친 뒤 수사학을 더 공부하기 위해서였고, 두 번째 역시 타가스테에서 절친한

친구를 잃고 상심했을 때였다. 두 차례 모두 좋은 기억을 남겨주지 못했다. 처음 갔을 때의 생활은 '잘못된 사랑의 솥단지에 파묻힌 생활'로 묘사하고 있으며, 두 번째는 자신이 가르치던 난폭한 학생들에 질려 도망치듯 로마로 떠났던 것.

● **신플라톤주의** Neoplatonism | 플로티누스(Plotinus. 204-270 A.D.)가 창시한 학파이며, 하느님을 모든 사물에 내재하는 영적인 존재로 본다. 어거스틴에게 하느님과 하느님의 창조에 관한 모든 개념을 주입시킨 철학. 어거스틴은 "하느님은 모든 사물에 충만하시며, 당신(하느님)은 이 세상의 모든 사물에 당신 자신을 충만시키십니다"(제1권)라고 표현했다. 신플라톤주의의 견해에 따르면, 영혼을 포함한 모든 사물은 그 자신의 존재 이유로서 무한하고 영원하며 변치 않는 하느님을 갖고 있다. 즉 모든 사물은 하느님과 함께하는 정도까지만 존재한다. 악에 대한 신플라톤주의의 설명도 어거스틴에게는 지극히 중요하다. 악은 실체가 없다. 사물들은 하느님이란 최상의 무한한 존재와의 원근(遠近) 서열에 따라 다른 것보다 '악'하거나 '사악'하다. 악은 오로지 상대적인 성질로서 발생할 뿐이다. 이 서열 체계에서 낮은 사물들은 높은 사물들보다 덜 완벽한 존재이고, 따라서 상대적으로 불완전하거나 '사악'하다는 것이다.

개별적인 사물의 선함은 서로 다르지만 하느님의 관점에서는 모든 것이 전체의 일부분이란 이 견해 덕분에 어거스틴은 악의 근원과 관련해서 마니교가 안고 있는 난제들의 답을 찾을 수 있게 된다.

● **마니교** Manicheism | 카르타고에 공부하러 갔던 어거스틴이 우연히 접하고 거의 10년간 심취한 종파. 그 후 합리적인 철학과 천문학을 통해 현란한 마니교 우주론이 오류투성이임을 깨닫게 된다. 자칭 예언자인 마니는 하느님을 전능하지도 않고, 악이라는 반대편 실체와 투쟁하는 존재에 지나지 않는다고 주장했고, 마니교도들은 인간의 영혼을 하느님과 똑같은 실체라고 믿었다. 이런 견해에 대한 반박이 〈고백록〉의 주요 주제 가운데 하나다. 하느님과 악의 개념을 시각화하는 데 지나치게 의존하는 마니교 교리로 인해 하느님을 마음에 그릴 수 없었던 어거스틴은 하느님을 알기까지 많은 시간이 걸렸다.

● **시간/일시성** time/temporality | 〈고백록〉 제11권의 핵심 주제. 여기에서 어거스틴은 하느님의 영원성과 하느님의 피조물이 경험하는 시간 사이의 관계를 집중 조명하고, 시간이란 우주 창조와 동시에 존재하게 되었을 뿐이기 때문에 하느님의 우주 창조는 시간상의 한 시점에서 갑자기 일

어난 사건이 아니란 견해를 강조한다. 즉 창조에는 '~의 이전(以前)'이란 개념이 없다. 하느님은 시간과 아무런 관계가 없으며, 하느님의 눈에는 모든 시간이 하나의 통합된 순간일 뿐이다. 그러나 하느님의 피조물들은 시간을 경험하는데, 어거스틴은 이것을 고통의 본질이라고 본다. 우리 인간들은 과거와 미래가 있다고 생각하지만, 그 어느 쪽도 존재하지 않는다는 주장인 것. 심지어 지금 이 순간에도 시간적인 크기나 길이가 없기 때문에 "시간은 존재한다고 말할 수 없다". 어거스틴은 시간은 일종의 '팽창', 외부 세계의 속성과는 반대되는 영혼의 확장일 것이라고 가정한다. 이것이 하느님과 인간 사이에는 거리가 있다는 표시로, 피조물은 하느님의 영원성에서 떨어져 나와 시간의 흐름 속에 편입된 존재라는 뜻.

● **다양성** multiplicity | 피조물이 하느님의 영원성에서 벗어나 일시성 속에 매몰된다면, 하느님의 통일성에서 벗어나 다양성의 세계로도 흩어지는 것이다. 어거스틴은 신플라톤주의가 내세우는 다양성 교리를 결함 있는 존재, 즉 신과 떨어져 있는 존재의 표시로 간주한다.

● **내향성** inwardness | 어거스틴이 하느님에 대해 가장 명확한 견해에 도달하는 데 사용하는 수단. 신플라톤주의

철학자들은 진리를 찾으려면 내면을 들여다봐야 한다고 충고했고, 어거스틴은 이 관념을 하느님에 이르는 길의 핵심으로 본다. 외부의 사물은 단지 인간의 정신을 다양성에 빠지도록 흐트러뜨리고 일시적인 사물에 의존하게 만드는 존재에 불과하다는 것. 어거스틴은 이런 세속의 사물에서 벗어나 내면세계를 들여다봄으로써 하느님을 탐색하고, 그 같은 사색은 마침내 두 차례—첫 번째는 신플라톤주의 서적을 읽을 때, 두 번째는 오스티아에서 어머니와 함께 있을 때—에 걸쳐 하느님의 형상을 마주하는 황홀한 경험으로 이어지면서 자기 내부에 서열화되어 있는 여러 단계(몸, 감각, 기억, 정신 등)를 뛰어넘어 하느님 바로 밑의 경지까지 올라간다. 제10권에서는 하느님은 그저 자기 속의 최고 경지보다 높을 뿐이라고 주장하면서, 자기 모습도 모르는 상태에서 어떻게 하느님을 찾으려고 하느냐, 라는 문제에 답을 제시한다. 어거스틴은 자신의 내부부터 파악함으로써 하느님을 찾을 수 있게 된다.

● **정신/영혼** mind/soul | 인간에게 생명을 불어넣는 요소들로서 어거스틴의 사상에서 어느 정도 서로 바꿔 사용할 수 있는 개념. 육체에 명령을 내리고, 감각기관을 통해 들어온 정보를 접수·저장하며, 개념과 관념을 활용하는 '몸의 생명'이다. 그러나 하느님 또는 하느님의 일부가 아니다.

마니교도들은 영혼과 하느님을 동일시하는 오류를 저질렀으며, 어거스틴은 이런 교리를 강력히 비난한다. 영혼이나 정신은 어거스틴이 하느님을 찾는 장소이고, 영혼을 초월하는 진리를 발견하기 위해 자신의 내면을 들여다봄으로써 하느님을 좇는다. 이 과정은 기억에 대한 확장된 탐색(정신의 특징이기도 함)으로 이어진다.(제10권)

● **키케로** Cicero | 철학 추구를 권유하는 〈호르텐시우스 *Hortensius*〉의 저자. 18세 때 이 책을 접한 어거스틴은 방탕한 생활 습관을 내던지고 진리 탐구에 헌신하고픈 욕망을 느끼지만, 실제 그 길로 들어서기까지는 오랜 세월이 걸린다.

● **영적인 실체** spiritual substance | 공간적인 성질은 전혀 없이 존재하는 실체로서 하느님의 실체가 바로 그것. 영적인 실체에 대한 이해는 어거스틴이 개종 전에 마지막으로 거쳤던 단계 가운데 하나다. 어거스틴은 하느님을 어떤 형태로든 전혀 형상화할 수 없는 상태에서 그 존재를 인식하려고 크게 고생하는데, 부분적으로는 하느님을 거대한 빛의 덩어리로 인식하는 마니교식의 형상에 영향을 받은 탓이기도 하다. 그러나 공간의 개념과 전혀 무관한 영적인 실체는 어떤 형태로도 형상화될 수 없다. 모든 공간에 존재하는 동

시에 어떤 공간에도 존재하지 않는 것. 영적인 실체는 '하늘의 하늘'의 실체이자 거의 완벽한 창조의 질서이며, 대응 개념은 궁창(穹蒼: 유대교에서 구분하는 세계의 하나. 하늘)과 땅의 소재(素材)인 무형의 질료.(제12권)

● **악** evil | 〈고백록〉의 주요 주제 가운데 하나이며, 특히 그 기원이 중요하게 다루어진다. 젊은 시절에는 어거스틴도 마니교도들처럼 전능하신 하느님이 있다면서 어떻게 악이 존재할 수 있는지 이해하지 못했다. 마니교의 답은 악이란 하느님과 끊임없이 투쟁하는 하나의 독립된 실체라는 것이었다. 어거스틴은 이처럼 악이 인간 의지의 약점이 아니라 하느님의 약점 때문에 생긴다는 교만한 주장을 신랄하게 비판하고, 악의 문제를 둘러싼 마니교의 도전을 신플라톤주의적인 견해로서 반박한다. 악은 자기만의 존재가 없고, 전적으로 큰 선과 작은 선의 비교에 따른 산물이다. 즉 모든 피조물은 하느님 안에서는 완벽한 전체의 일부지만, 개별적으로는 하느님의 완전성에 어느 것은 좀더 가깝고 어느 것은 좀더 떨어져 보일 수 있으며, 이 같은 상대적인 개념에서 볼 때 하느님으로부터 가장 멀리 떨어져 있는 것이 악이라는 것. 그리고 인간은 자유 의지로 인해 이런 낮은 덕성을 가진 존재로 전락할 수 있고, 바로 이런 의미에서 악은 하느님이 아니라 인간 의지의 '타락'에서 연유한다.

● **창세기** Book of Genesis | 성경의 첫 권. 어거스틴은 〈고백록〉의 저술 의도에 맞춰 많은 분량을 할애해서 창세기를 해석한다. 마니교 교리는 창세기에 비판적인 입장을 취했으며, 어거스틴은 하느님이 하늘과 땅을 '만들거나' '말씀'을 전파하는 모습에 관한 마니교의 묘사를 접한 초기에는 대체로 창세기가 지독한 결함을 지녔다고 생각했다. 이 같은 견해는 하느님의 말씀을 고도의 영적이고 은유적인 의미로 이해하는 암브로스의 해석을 접한 뒤 급속히 바뀌기 시작했다. 창세기는 시간과 영속성의 소재(제11권)이자 '창조'에 대한 성찰의 소재(12권)로 다루어진다. 제13권은 창세기의 주석 역할을 하면서 하느님 안에서 교회와 삶을 발견해야 한다는 가르침을 전하고 있다.

● **정의**(正義) justice | 〈고백록〉의 주된 주제는 아니지만, 어거스틴은 살면서 겪었던 모든 사건을 하느님의 정의로 본다. 자기는 죄를 지었고, 고통을 겪었으며, 하느님의 완벽한 정의에 따라 구원을 받았다는 것. 이 정의의 개념에는 원인과 결과의 의미가 거의 없다. 죄를 지은 것 자체가 넓게 보면 형벌이기 때문. 어거스틴은 젊은 시절에 탐닉했던 문란한 성생활을 '욕망의 지옥'으로 묘사한다. 신플라톤주의자들의 견해대로, 혼란스러운 정신과 타락한 의지는 그 자체의 비참한 상태와 덧없는 사물에 연연하지 않을 수 없

는 처지에 빠지게 된다는 점에서 이미 벌을 받고 있는 셈이라고 생각하는 것. 이 죄를 씻는 유일하고도 진정한 보상은 하느님의 불변성으로 회귀하는 것이다.

● **기억** memory ｜ 제10권의 주요 주제. 어거스틴은 기억의 개념에 대해 배움이란 우리의 정신이 태어나기 전에 이미 알고 있던 것을 기억하는 과정이란 플라톤의 주장을 그대로 받아들인다. 진리를 깨닫는 것은 기억(감각적으로 느낀 형상, 기술, 감정, 관념들)이라는 '광대한 창고' 속에 들어 있는 내용물을 탐색한 뒤, 여기저기 흩어져 있는 하느님에 관한 영원한 기억의 파편들을 '조립하는' 과정이라는 것. 어거스틴은 최초의 기억과 거의 똑같이 다시 경험할 수 있는 형상들을 담고 있는 기억을 기이하게 생각한다. 오래 전의 광경을 마치 지금 다시 보는 듯이 기억할 뿐 아니라, 어떤 감정들은 느끼지도 않은 상태에서 기억해내는 자신의 능력에 경이로움을 느끼는 것. 기억은 어거스틴이 마침내 시간의 개념을 발견하는 영역이기도 하다. 측정 가능한 시간은 어떤 외적인 현상이 아니라 정신(또는 영혼) 속에만 존재하며, 미래는 현재 우리가 쓰는 기호를 바탕으로 상상하는 것에 불과하고, 과거는 우리의 기억 속에서만 존재한다는 것.

● **아데오다투스** Adeodatus | 어거스틴과 오랫동안 내연 관계를 맺은 여인과의 사이에서 태어난 아들. 아버지와 알리피우스(어거스틴의 옛 친구)가 나란히 서 있는 자리에서 세례를 받고 2년 뒤인 17세에 죽었다.

● **로마** Rome 어거스틴이 좀더 나은 학생들을 찾아 가르치겠다는 희망을 품고 카르타고를 떠나 이주한 곳. 그러나 로마의 학생들도 애를 먹이자, 짧은 임기를 마친 뒤 다시 밀라노로 떠난다.

● **밀라노** Milan | 어거스틴이 〈고백록〉에서 언급한 마지막 거처. 기독교에 헌신하는 길을 향한 마지막 단계로, 정원에서 개종을 경험하는 장소이기도 하다. 이 경험 직전에는 알리피우스와 네브리디우스를 가깝게 사귀면서 함께 열심히 진리를 탐구한다.

● **회의론(학문)** skepticism(academics) | 세상에는 절대적으로 확실한 것이 없다며 궁극적인 판단을 하지 않으려는 이론. 마니교 신앙에 대한 환상으로부터 점차 깨어나 전면적 회의론을 내세우는 이 그리스 학파와 가까워진 어거스틴은 학자로서의 회의주의 철학자들(플라톤의 아카데미에서 시작한 학파)이 대부분의 다른 사상가들보다 '세상 물

정에 더 밝다'는 사실을 깨달았노라고 토로한다. 마니교 때문에 생긴 마음속의 사상적 공백을 채우기 위해 처음에는 신플라톤주의, 나중에는 기독교에 의존하게 되는 어거스틴은 궁극적으로는 절대적인 증거를 갈구하는 목적 이상으로 신앙의 중요성을 강조한다.

● **파우스투스** Faustus | 어거스틴이 카르타고에서 교사 시절에 만난 고매한 마니교도. 어거스틴은 그의 겸손한 태도에 감명을 받지만 마니교 점성술에 대해 의문을 제기했을 때 궤변만 늘어놓을 뿐 제대로 답하지 못하자 크게 실망하고, 그와의 만남은 결국 마니교 신앙과의 결별로 이어진다.

● **암브로스(암부로시우스)** Ambrose(Ambrosius) | 이탈리아 밀라노에 주재하는 기독교 감독. 어거스틴의 어머니와 함께 어거스틴의 개종에 직접 영향을 미친 사람 가운데 하나. 암브로스의 성서(특히, 구약) 해석은 어거스틴에게 지대한 영향을 준다. 그 전에는 그의 단순하고도 자구 해석에 얽매인 듯한 언어에 실망했으나 성서를 훨씬 더 추상적이고 영적인 의미로 해석했기 때문에 성서에 나오는 특정 어구들을 트집 잡는 마니교의 기독교 비판을 극복할 수 있었던 것. 암브로스는 어거스틴에게 세례를 베풀었다.

● **네브리디우스(네브리디오)** Nebridius(Nebridio) | 어거스틴이 밀라노에서 가깝게 지낸 친구. 어거스틴과 알리피우스의 사상적 투쟁에 동반자가 되고, 어거스틴이 개종할 때도 행동을 같이한다.

● **알리피우스(알리피오)** Alypius(Alypio) | 밀라노 시절 어거스틴의 가장 절친한 친구이자 사상적 동지. 어거스틴이 자신에게 분노하고 정원으로 뛰쳐나가 개종 경험을 하게 된 것도 그와의 논쟁이 계기가 되었으며, 개종과 세례 때도 자리를 같이한다.

● **자유 의지** free will | 어거스틴의 사상에 따르면, 인간이 선택하는 것은 모두 결국 하느님의 계획에 포함된 일부일 뿐이지만, 하느님에게 의탁하는 길을 택하거나 하느님으로부터 벗어나 창조된 질서 가운데 보다 낮은 단계로 가는 길을 선택할 자유 의지가 있다 비록 악 자체는 궁극적으로 존재하지 않지만, 이처럼 하느님으로부터 벗어나는 행위 때문에 악이 있는 것처럼 보인다. 자유 의지라는 개념은 악의 개념을 하느님과 끊임없이 싸우는 암흑의 실체로 보는 마니교 교리에 반한다는 점에서 어거스틴에게는 매우 중요하다. 마니교 교리를 옳다고 보면, 인간들은 자신의 악행에 대해 책임이 없는 셈이 되기 때문. 어거스틴의 견해는 악(또

는 악처럼 보이는 것)은 오도된 인간 의지의 결과라는 주장을 견지한다.

● **그리스도(하느님의 말씀)** Christ(the Word of God) | 기독교도가 하느님에게 다가갈 수 있는 유일하고 진실한 길. '하느님이 만든 육신', 인간으로서의 하느님이고, 따라서 죽음을 피할 수 없는 존재다. 이러한 자격으로 하느님의 무한한 자비를 대변하고, 하느님은 손을 뻗으면 닿는 곳에 있다는 인간과의 약속을 대변한다. 어거스틴에게는 영원하면서도 완벽한 지혜 자체다. 그 같은 지혜는 하느님의 본성인 동시에 하느님에 접근하는 수단이기 때문이다. 그리스도는 하느님의 말씀을 의미하기도 하며, 그 말씀으로 모든 피조물을 창조했다. 이런 관념의 도움으로 어거스틴은 창세기에 나오는 "태초에 말씀이 있었다"는 구절을 제대로 깨우치게 되었다. 하느님은 시간과 무관하기 때문에 '태초'를 존재의 최초 원인으로서의 하느님을 가리킨다고 추정하고, 그의 '말씀'은 그리스도, 즉 일시적으로 스쳐가는 말이 아니라 영원한 지혜이며, 우주는 그것에 의해, 그리고 그 안에서 창조된다고 해석하는 것.

● **플라톤(플라톤 철학)** Plato(Platonism) | 〈메논 _Meno_〉*을 비롯한 많은 대화집을 통해 나타난 플라톤 철학은 어거

스틴의 기억 개념에 영향을 주었다. 플라톤은 배움이란 일종의 기억이며, 인간의 정신은 태어나기 전에 알고 있던 진리를 재발견하는 것이라고 믿는다. 철학은 우리 인생에서 가장 고귀한 목적이라는 어거스틴의 초기 역설은 이와 유사한 플라톤의 주장에 크게 영향을 받은 키케로의 생각이 일부 반영된 것으로 보인다. 그리고 어거스틴은 인간이 탄생할 때나 탄생하기 전에 정신이 육체와 결합하는 방식을 알고 있었다는 주장을 거부하는 것도 플라톤을 따르고 있다.

---

* 〈메논〉: 젊은 귀족 메논이 "탁월함이 배움으로 얻어질 수 있는지, 아니면 본성적으로 인간에게 생겨나는 것인지"를 묻자 노철학자 소크라테스가 문답법을 통해 메논 스스로 탁월함에 대해 깊이 생각해 보도록 유도하는 내용. 저자는 플라톤.

어거스틴은 철학적 · 신학적으로 심오한 자서전에 〈고백록〉이란 제목을 붙임으로써 이 저서의 형태가 지닌 두 가지 측면을 드러냈다. 당시에 '고백한다'에는 자신의 죄를 하느님에게 설명하고 하느님을 찬양한다(하느님에 대한 사랑을 말로써 표시)는 이중의 의미가 있었다. 〈고백록〉에서는 그 목적들이 고매하지만 다소 복잡한 의미로 어우러져 있다. 자신이 죄 많은 존재에서 독실한 신자로 거듭 나는 과정을 전하는 이야기가 단순히 독자들을 실질적으로 교화하는 일에 그치지 않고 그 자체가 하느님의 위대성과 하느님에 대한 만물의 본질적인 사랑을 담고 있다고 믿기 때문이다. 따라서 〈고백록〉의 형식은 내용과도 크게 부합한다. 어거스틴이 자신의 회개에 대해 감사드려야 할 대상이 하느님이므로 그 이야기가 가장 자연스럽게 취할 수 있는 형식은 하느님에게 직접 말하는 형식이 되어야 할 것이기 때문이다.(하느님을 상대로 직접 말하는 형식은 어거스틴이 당시에 사용해 왔던 형식 가운데 매우 독창적인 것이었다.)

이런 생각은 다소 일방적이고 이례적으로 보이는 이 글을 이해하는 데도 보탬이 된다. 〈고백록〉의 처음 아홉 권에는 어거스틴이 어머니의 죽음을 맞기까지 살아온 인생이 담겨 있지만, 마지막 네 권은 순수한 신학과 철학 이야기다. 이런 변화는 '고백'에 담겨 있는 두 가지 의미와 똑같은 맥락으로 이해해야 한다. 죄 많은 인생과 회개에 관한 자신의 이야기는 어거스틴에게는 사실상 심오한 철학적·종교적 문제지만, 동시에 아주 불완전한 피조물이 하느님에게 회귀하기 위해 갈망하는 방식의 한 가지 예에 불과하기 때문이다. 따라서 하느님에게 돌아가는 이야기를 처음에는 자서전, 나중에는 추상적인 언어로 풀어나가는 것이다.

이런 회귀의 관념은 어거스틴이 생각하고 글을 쓰는 철학적·신학적 배경을 이해할 수 있는 훌륭한 접근 수단이 되기도 한다. 여기서 가장 중요한 영향(성경 제외)을 미친 요소는 신플라톤주의이고, 어거스틴은 개종 직전에 신플라톤주의의 주요 문헌을 많이 읽었다. 신플라톤주의 철학이 내세우는 우주관은 계층 구조식이지만 존재의 척도에서 낮은 단계에 속하는 사물들이 나쁘다거나 악이라고 말할 수는 없다. 모든 사물은 존재하는 한 신하다. 다만 이 척도에서 낮은 단계에 속하는 사물들은 완벽성과 완전성이 떨어지는 '존재'를 가졌을 뿐이며, 영원불변하고 일체화된 하느님에 비해 소위 가시적인 우주—끊임없는 변화와 광대한 다양성 속에 놓여 있고 시간에 의해 파괴될 수밖에 없는 질료의 우주—를 포함하고 있다.

어거스틴은 신플라톤주의 세계관과 기독교 세계관을

아주 성공적으로 결합시키고 있기 때문에 지속적인 영향력을 갖는 것이다. 그의 혼합 철학 체계 속에서 모든 피조물은 존재하는 한 선하다는 관념은 그것이 아무리 더럽고 추악하더라도 하느님 안에서만 존재한다는 뜻이다. 그렇기 때문에 모든 피조물은 개개의 사물들이 누리는 가장 순수하고 가장 완벽한 형태의 타협된 '존재'인 하느님으로 회귀하려고 하는 것이다. 그렇다면 하느님을 향한 개별적인 회귀 이야기는 하느님과 창조된 우주 사이의 관계에 대한 서술도 된다. 이를테면, 모든 사물은 그것의 영원한 원천이자 이상적 형태인 하느님에게 되돌아가려는 경향이 있다는 것.

〈고백록〉의 마지막 네 권은 대체로 영원한 하느님과 일시성의 운명을 타고난 피조물 사이의 관계가 어떻게 존재할 수 있는지의 문제에 집중된다. 하느님이 영원한 실체이고 우리의 존재가 처음부터 하느님으로 인해 가능하다고 생각한다면, 그 하느님에게 회귀하는 것이 어떻게 시간을 초월해서 발생하는 과정이 될 수 있는가? 하느님이 영원불변의 존재라면, 어떻게 세상을 창조했으며 이런 창조는 '언제' 이루어졌는가? 이 문제는 어거스틴이 영원성과 시간의 동시성에 대한 개념을 깊이 이해해야 풀 수 있다. 시간은 실제로 존재한다기보다는 인간이 불명확한 이유들 때문에 스스로 만들어내는 착각에 불과하다는 것이 어거스틴의 주장이다.(기본적으로는 인간이 하느님의 완벽성으로부터 멀리 떨어진 존재이기 때문에 시간에 빠져든다는 것) 과거와 미래는 이 두 개념의 현재 구조 속에서만 존재한다. 하느님의 관점에서 보면, 모든 시간은 동시에 존재한다. 즉 다른 것보다 일시적으로 '이전' 혹은 '이후'에 발생하는 것은 없다. 하느님은 우주를 특정한 '시점에' 창조한 것이 아니라 어떤 영속적인 행위로서 끊임없이 창조하고 있다.

이런 관념은 신플라톤주의 세계관과 어거스틴 자신의 '고백' 행위를 모두 새로운 관점에서 보도록 해준다. 이제 젊은 시절 죄 많았던 어거스틴처럼 '시간'을 초월해서 하느님에게 회귀한다는 관념과 모든 사물이 하느님 안에서 영원히 존재한다는 관념 사이에는 더 이상 이론적 모순이 있을 수 없다. 시간은 단순히 낮은 단계의 존재가 겪는 환상에 불과하기 때문에 방황하다가 하느님에게 다시 돌아가는 것과 자신의 존재를 모든 순간 하느님에게 빚지고 있다는 것은 같은 의미다. 이를테면, 동일한 현상의 두 가지 측면—이야기로서 전해지는 측면과 종교적·철학적 언어로 표현되는 측면—에 불과한 것이다.

따라서 어거스틴의 글은 언뜻 보기에 기이하고 오락가락하는 듯하지만, 분명하면서도 복잡하게 논리적 일관성을 유지한다. 그는 하느님과 독자에게 몸과 마음을 최대한 철저하게 연 채 자신의 인생에 얽힌 이야기를 털어놓고 있으며, 그 과정에서 자신을 구원하신 하느님을 찬양하고, 나아가 현세의 사례를 통해 변하지 않는 하느님 안에서 시간을 초월해 통합된 우주를 독특하게 바라보는 견해를 설명하고 있는 것이다.

우리가 이 논의에서 그리스도를 배제한 주된 이유는 어거스틴의 사상에 담긴 가장 도발적인 측면이 종종 신플라톤주의 철학 체계의 활용과 관련이 있기 때문이다. 그럼에도 불구하고 비록 그리스도는 신플라톤주의에서는 끼어들 자리가 없어도 어거스틴에게는 매우 중요한 존재이고, 하느님으로의 회귀를 성취시키는 장치다. 인간이 하느님 안에서 자신의 존재를 깨닫게 될 수 있는 것도 그리스도를 통해서다. 그리스도는 인간이 되신 하느님(성자)이기 때문이다. 어거스틴은 그리스도 역시 지혜 자체라고 가정한다. 지혜도 하느님과 낮은 단계의 피조물 사이에 놓인 일종의 중개물이기 때문이다. 하느님이 우주를 창조한 것은 이런 지혜, 이런 '그리스도'의 맥락 속이고, 우주가 하느님에게 돌아갈 수 있는 것도 이런 지혜, 즉 그리스도를 통해서다.

Book별 정리노트

Book 1

 와

제1권은 어거스틴의 유아기(이 부분은 그도 기억하지 못해 남의 이야기를 빌어 재구성했을 듯)부터 타가스테에서 보낸 학창 시절까지를 다루고 있다. 어거스틴은 자신의 어린 시절을 묘사한 글을 통해 인간의 기원, 의지와 욕망, 언어, 그리고 기억에 대해 곰곰이 생각해 본다.

[1장 1-3절] 각 권은 하느님을 찬양하는 기도문으로 시작하는데, 제1권에는 가장 장황한 기도문이 실려 있다. 어거스틴이 이 기도문을 통해 제기하는 첫 번째 의문은 하느님의 정체를 아직 모르는 인간이 어떻게 하느님을 찾을 수 있는가, 하는 것이다. 다시 말해, 무엇을 찾는지도 정확히 모르면서 어떻게 찾을 수 있겠느냐는 것. 이 문제에 대한 답은 적어도 현재로서는 불완전하지만 단순히 믿음을 갖는 것, 즉 우리가 진심으로 하느님을 찾으면 하느님이 우리 앞에 모습을 나타내리라고 믿는 것뿐이다.

[4-6] 그럼에도 불구하고 어거스틴은 곧바로 하느님

의 특성에 관해 고도로 수사학적인(그리고 비교적 짧은) 논의에 착수한다. 그는 하느님께 '내 안에 와주시옵소서'라고 호소한 다음, 그 말을 할 때 어떤 의미가 있을 수 있는지 묻는다. 나중에 어거스틴의 개종(제6권과 제7권 참고)을 흔드는 마지막 장애물 가운데 하나가 되는 이 고민의 핵심은 하느님은 모든 것을 초월하며 동시에 모든 것의 안에 와 계시는 것 같다는 점이다. 둘 중 어느 쪽이 옳든, 어거스틴이 하느님에게 자기 안에 '와주시옵소서'라고 청하는 것은 정확히 따지면 이치에 닿지 않는다.

하느님은 당신이 창조하신 것 속에 담길 수 없으므로 그 어떤 의미로도 어거스틴의 안으로 '들어갈' 수 없는 동시에 모든 사물이 존재하기 위한 필수 조건이므로 이미 어거스틴 '안'에 들어와 있다고 볼 수도 있다.(따라서 이 경우에도 하느님에게 '내 안에 와주시옵소서'라고 청하는 것은 이치에 맞지 않는다.) 게다가 하느님은 양이나 비율의 형태로 모든 사물의 '안에' 존재하는 것이 아니므로 이 세상의 작은 조각들이라고 해서 큰 조각들보다 하느님을 적게 소유하지도 않는다.

어거스틴은 하느님을 한정되고, 이동할 수 있고, 혹은 나눌 수 있는 존재로 보는 사고방식의 이론적 정당성을 서둘러 일축하고는 하느님이 '어디에' 있는가, 라는 물음에 대해 신플라톤주의적인 투로 간단히 답한다. "당신은 모든 것을 채우신다고 할 때, 당신의 전부를 그들 모두에게 채워 주십니다."

그리고는 하느님의 속성에 대한 의문을 달리 표현해서 "제가 묻사오니 그러면 나의 하느님 당신은 누구십니까?" 라고 묻는다. 다소 직설적인 이 접근법은 하느님에 관한 장황한 은유적 표현으로 이어지는데, 일부는 성경에서 인용하고 일부는 자신의 성찰에서 나온 것이다. 예를 들면, "당신은 지극히 높으시고… 지극히 은밀히 계시면서도 가장 가까이 현존하시며… 당신은 노하시되 안정하십니다. … 당신은 인간에게 빚진 것이 하나도 없으시나 마치 빚진 것처럼 그들에게 갚아주십니다" 등등. 여기에 열거된 하느님의 속성은 분석적이라기보다는 수사학적인 표현이며, 하느님에 관한 일관된 주장을 내놓지 못하고 단지 이 주제에 대한 수수께끼 같은 측면만을 소개하고 있을 뿐이다.

[7-8] 어거스틴은 출생과 유아기부터 시작해서 어린 시절을 회상한다. 앞으로도 그렇지만, 여기서도 신플라톤주의 철학에 입각해서 영혼이 우리 몸에 어떻게 들어와 아기로 태어나는지에 대해서는 성찰하려고 들지 않는다. "내가 어떻게 해서 죽음을 면치 못하는 생명체, 또는… 살아 있는 죽음이 되었는지 나는 알지 못합니다."(어거스틴은 플라톤 철학에 따라 생명이란 사실상 죽음의 한 종류이고, 진정한 '생명'은 영혼이 이승에 있지 않을 때 즐길 수 있다는 가능

성을 열어놓는다.)

이 문제를 해결하지 않은 채 유아기를 되돌아보는 어거스틴은 제대로 기억하지 못하는 관계로 지극히 신중을 기한다. 자신의 유아기를 기억하지 못한다는 말은 나중에 유아들에 대한 관찰을 언급할 때 뚜렷이 입증되는데, 유아기를 매우 비참한 상태라고 판단하는 것 같다. 유아들은 '아주 적은 수의 표시'만을 사용해서 욕구를 표현할 수 있고, 또 그 욕구를 충족시킬 만한 육체적인 힘이 없기 때문에 욕망이 내재적이라는 것. 생각이 없고 이미 죄가 많았던 아기 어거스틴은 모든 사람들에게 요구만 했으며, 아무에게도 고마워하지 않았고, 역겨운 울음소리로 돌봐주는 사람에게 앙갚음을 했노라고 쓰고 있다.

[9-10] 이 부분에서는 막간처럼 짧은 지면을 할애해서 또 다시 자신이 태어나기 전에 어떤 존재였는지를 묻고 있지만 역시 대답을 얻지 못한다. 그저 태어났을 때 자신이 존재해 있었고 생명이 있었다는 사실만 알고 있을 뿐이다. 그는 이 대목에서 하느님은 존재와 생명의 가장 극단적 형태이고, 새 생명이 탄생할 때 이 두 가지 요소를 결합시키는 일을 주관하신다고 지적한다.

[11-12] 다시 유아기로 돌아간 어거스틴은 당시에 어느 정도까지 죄를 지었는지 곰곰이 생각하면서 이미 언급했던 저급한 태도를 신랄하게 자책하지만, '기억의 실마리

조차 전혀 떠오르지 않는' 그 시기들에 대해서는 책임이 없다고 결론짓는다.

[13-16] 그러나 이내 발휘되기 시작한 어린 어거스틴의 기억력은 특히 언어(로마 지배하의 북아프리카에서는 라틴어)를 통해 의사소통 방법을 배우는 데 도움이 되었다. 그러나 이 기량(말)에 대해 언급할 때는 여전히 모호한 태도를 취한다. 그것으로 인해 '인간들의 파란만장한 삶 속으로 더욱 깊이 들어갔다'는 것. 무엇보다도 학교에서 언어가 사용되고 교육되었던 방식이 언짢은데, 자신이 그릇된 목적, 이를테면 미래의 부귀영화를 얻기 위해 말하고 쓰는 법을 배웠다는 점이 유감스럽다. 그는 이렇게 대중을 상대로 펼치는 웅변술에 사용되는 번지르르한 언어(내용보다 형식을 강조)를 '수다'라고 언급한다.

어거스틴의 비판은 계속된다. 사실상 전체 교육체계가 '헛된 짓'을 가르치는 쪽에만 초점이 맞춰져 똑같이 잘못 배운 어른들의 장난(장사나 정치 따위)을 가르친답시고 학생들의 미숙한 행위를 처벌하고 있다는 것이다.

[17-18] 이 부분에서 어거스틴이 검토해야 할 또 한 가지 문제는 그의 종교적 신분이다. 독실한 기독교도인 어머니와 이교도인 아버지 사이에서 태어난 그는 장년이 될 때까지 세례를 받지 않았다. 당시만 해도 보편적인 관행이었는데, 일부러 위험이 가득한 젊은 시절을 다 보낸 뒤로

죄 씻는 일을 미뤘다가 그 의식을 행했을 때 최상의 효과를 얻으려는 심산이었다.

[19-29] 한편, 학교에서는 여전히 헛된 짓거리가 계속된다. 제1권의 나머지 부분은 거의 어거스틴을 가르쳤던 교사들의 잘못을 성토하는 글로 가득 차 있다. 그들은 의도는 좋았지만 교육의 진정한 목적에 대해서는 무지했다. 여기서 어거스틴이 주로 관심을 두고 피력하는 부분은 그가 강제로 읽어야 했던 고전 문헌들과 좀더 넓게는 그 책들에서 가르치려고 했던 과장된 수사학적 언어다. 특히 허구적인 이야기들은 사람을 그릇된 길로 이끄는 시간낭비라며 비난하고, 자신의 죄는 모른 채 다른 사람들의 죄에 대한 이야기를 읽는 것은 죄라고 주장한다.

전체적인 맥락을 보면, 어거스틴은 자기가 잠재적으로 올바른 독서와 글쓰기―'가장 중요한 교육'―를 할 수 있도록 가장 기본적인 도구를 제공해 주었다는 점에서만 그 교사들의 공을 인정한다. 나머지는 모두 진리나 도덕성(어떤 경우에서든 언어의 '규칙'보다 심오한 가치)보다는 그저 인간의 비뚤어진 풍습을 배우는 일에 불과했다는 것.

[30-31] 제1권은 어거스틴이 '세속의 기준에도 매우 충격적'이라고 공언하는 어린 시절의 죄를 간략히 나열하며 끝을 맺는다. 이것들은 어른들이 살아가면서 저지르는 '죄의 축소판'이다. 그러나 자신에게도 선한 면이 조금은

있으며, 이런 면들은 전적으로 하느님에 기인하는 반면, 죄악은 자신의 쾌락, 명성, 진리를 하느님 안에서 찾지 않고, 하느님의 피조물인 자신과 다른 것들 속에서 찾으려고 한 '그릇된 인도' 탓이다.

　이 '그릇된 인도'의 개념은 어거스틴의 저서에 주입된 신플라톤주의 철학의 주요 사상이다. 하느님의 피조물이 영원히 하느님의 통합된 세계에서 벗어나 변화무쌍하고 다양한 창조된 세계로 향하고 있다는 것이다.

Book 2

 와

제2권에서는 자신의 생애에서 가장 흉악하고 죄 많은 시기로 생각하는 듯한 청소년기에 대해 서술한다. 그는 '감각적인 쾌락에서 만족을 얻으려는 욕망의 정글 속에서 제멋대로 날뛰었고… (하느님의) 눈으로 볼 때 타락한 존재가 되어버렸습니다'. 여기서는 첫 번째 성적인 장난뿐 아니라 몇몇 친구들과 어울려 이웃 과수원에서 배를 훔쳐 먹은 일을 회상하고 깊이 뉘우치면서 죄의 동기와 그 행위의 실체를 분석한다.

[1-4] 어거스틴은 관능적인 욕망을 행동으로 옮긴 것에 대해 죄책감을 느끼면서도, '내게 쾌락을 찾게끔 만든 단 한 가지 욕망은 단지 사랑하고 사랑받는 것'이었다는 고백을 통해 어느 정도 당연한 것으로 받아들인다. 하느님은 자기에게 선한 품성들만 주셨는데, 그 품성을 그릇 인도한 잘못은 바로 자신에게 있다는 것. 이 경우에 문제가 된 것은 그의 사랑에는 '마음과 마음의 교감에 의해 강제되는 절

제'가 없었다는 점이다. 따라서 순결한 사랑이 세속적인 것(육체)으로 잘못 인도됨으로써 타락했다. 어거스틴에 따르면, 성관계는 오로지 출산을 목적으로 이루어지고, 심지어 그 경우에도 육체적 욕망이 아니라 서로 사랑하는 이성적인 동반자 관계(타락하기 전의 아담과 이브 관계)를 바탕으로 해야 이상적이다.

[5-8] 이즈음 초등학교를 마친 어거스틴은 공부를 더 하기 위해 카르타고로 떠날 준비를 했으며, 가난한 아버지는 힘들게 아들의 유학 경비를 마련했다. 어거스틴은 아들의 교육을 위해 열성적이었던 아버지를 찬양하면서도 아들의 도덕적인 문제에 대해서는 신경을 쓰지 않았다고 지적한다. 당시의 대세가 그랬듯이, 교육은 그저 세속적인 성공의 수단으로 간주했을 뿐이라는 것.

"그러나 당신(하느님)은 이미 어머니의 마음속에 당신의 성전을 짓기 시작하셨습니다." 기독교도인 어머니가 어린 자기에게 다른 사람의 아내를 더럽히지 말라는 충고를 종종 했는데, 지금에서야 하느님이 어머니를 통해 말씀을 전하고 계셨다는 사실을 깨달았다. 그러나 당시에는 어머니의 충고가 '그저 여자들이 하는 말이려니 생각되어 따르기가 부끄러웠다'. 결국 어머니는 당시 내게 정식 아내가 생기면 출세에 방해가 될지 모른다는 두려움 때문에 내 마음대로 하도록 방치했다.

[9-14] 이어서 어거스틴은 배 도둑질에 대해 성찰한다. 철없던 십대에 저지른 이 사건을 그가 특히 괴로워한 이유는 죄를 짓고자 하는 충동 이외에 다른 동기가 없었기 때문이다. "나는 나의 (죄악 속으로의) 타락을 사랑했습니다." 자기 집에 더 좋은 배가 많았는데도 남의 배를 훔친 것은 그 아름다움이나 맛, 또는 영양가보다는 순전히 재미삼아 한 짓이었으며, 무엇을 얻기보다는 나쁜 짓 그 자체를 사랑했었다는 것.

이 점을 더욱 깊이 성찰한 어거스틴은 자신의 행동은 단지 하느님이 주신 선을 인간이 왜곡하는 속성을 나타내는 결과일 뿐이라고 결론짓는다. 실제로 그가 배 도둑질을 통해 얻고자 했던 것(그리고 인간이 죄를 지으면서 욕망하는 모든 것)은 하느님의 속성들이 왜곡된 행태다. 그는 놀라운 글솜씨로 각각의 사악한 욕망들을 하느님을 흉내 내려는 욕망과 연결시킨다. 예컨대, 교만 때문에 당신의 높으심을 추구하고(그러나 최고의 존재는 하느님), 엉뚱한 호기심 때문에 지식을 갈구하고(그러나 모든 것을 아주 잘 알고 계시는 분은 하느님뿐), 게으름은 '안식'하는 것처럼 보인다(그러나 하느님 안에서 누리는 안식만이 가장 확실한 안식) 등등이다.

이들 주제 역시 신플라톤주의 철학이 근간이다. 신플라톤주의자들의 사고에 의하면, 모든 피조물(물질세계)은 하느님의 완전무결함에서 '벗어나' 변덕, 일시성, 다양성이 지배하는 혼돈 상태로 흩어진 것들이다. 하느님은 영원불변하고 통합되어 있으며, 피조물들은 (스스로 인식하든 못하든) 항상 하느님과 같은 상태로 되돌아가려고 애를 쓴다는 것이 그들의 설명이다. 여기서 어거스틴은 심지어 죄 자체도 근본적으로는 하느님께 회귀하려 한다고 주장했다.

[15-18] 어거스틴은 배 도둑질 사건 때문에 생겼다고 여겨지는 심적 부담에 대해 진지하게 성찰하면서 제2권을 마친다. 이 사건에서 얻은 가장 큰 교훈은 "우정은 정신을 유혹하는 위험한 적이 될 수 있다"는 사실이다. 우정이 진정으로 선하려면 사랑처럼 이성의 지배를 받아야 한다.

Book 3

 와

고향 타가스테를 등지고 카르타고로 떠난 어거스틴은 드디어 '나를 둘러싼 모든 세계가 가증스런 사랑으로 가득 찬 솥이 펄펄 끓는 것 같은' 도시와 생활 속으로 들어간다. 그가 이 시기에 저지른 '썩고… 가슴이 미어지는 듯한' 죄는 십대에 어울리는 장난에서부터 비극적인 연극 관람 등에 이르기까지 매우 광범위했는데, 하느님과의 관계가 부질없는 일탈 쪽으로 거의 다 기울어진 낮은 단계여서 더 이상 내려갈 곳이 없다는 것이 그의 생각인 듯하다. 그러나 진리 탐구가 세속적인 성공보다 더 중요할지 모른다고 생각한 것도 이즈음이다. 그는 올바른 철학을 찾아 헤매다가 마니교 신앙을 접하게 되는데, 마니교 신앙에 빠졌던 일은 훗날 그의 삶에서 가장 큰 실수로 꼽힌다. 제3권의 상당 부분은 마니교 신앙에 대한 초기 공격에 할애되어 있다.

[1-4] 먼저 어거스틴은 카르타고에서 살던 때의 '더럽고 부도덕한' 상태를 회상하면서 일종의 '속박', '자신을 얽

어맨 환희'에 비유하며 총체적으로 비판한다. 성적인 탐닉은 조금도 누그러지지 않았고, 다시 한 번 '욕망의 지옥'을 하느님에 대한 사랑의 그릇된 인도 탓으로 돌린다.("나는 내 사랑의 대상을 찾고 있었습니다.")

어거스틴은 또 허구의 세계에 탐닉하는 등 학생으로서도 '죄'를 짓는다. 국제도시인 카르타고의 이점을 살려 '연극' 관람을 즐겼고, 특히 비극을 많이 관람했던 일을 후회하고 있다. 죄악의 삶에 빠진 자신의 고통은 망각한 채 허구의 고통에 몰두했다는 이야기가 되기 때문이다. 그 비극이 마음에 상처를 주거나 자기에게도 일어나는 것이 아니라 그저 감정의 표면을 가볍게 긁고 스쳐가기를 바랐던 것이었다. 비극은 또 '고통을 사랑'하도록 부추겼는데, 이제 보니 터무니없고 잘못된 일이다. 이 부분에서는 자신의 영혼에 '흠집을 내고' 결국 하느님의 정의("당신은 나를 가혹한 벌로 치셨습니다.")에 따라 자기 몸에 '종기, 고름, 역겨운 가려움만을 남긴' 비극적인 이야기를 추구했던 과정을 회상하면서 속박의 내용과 자기학대적 표현이 더 많이 나온다.

[5-9] 어거스틴은 뛰어난 웅변가로 출세하기 위해 열심히 공부하던 시기(18세 무렵)에 우연히 키케로의 〈호르텐시우스〉를 접하게 된다. 키케로는 철학이 쓸모없는 학문이며 행복을 가져다주지 않는다는 견해를 반박하기 위해

집필한 이 책에서 그처럼 반(反)철학적인 의견 자체도 철학적 사고의 결과이므로 철학에 의해서만 판단될 수 있으며, 철학을 통한 진리 탐구가 행복한 삶을 여는 지름길이라고 주장한다. 이 책을 읽고 크게 감명을 받은 어거스틴은 처음으로 '학파를 초월해 지혜를 사랑하고 탐구하고 소유하려는 마음이 불타올랐으며, 불멸의 지혜를 갈망한다'. 어쩌면 이 대목은 '화려한 웅변술'을 추구하던 어거스틴이 최초로 그런 집착에서 벗어나 〈호르텐시우스〉의 형식보다는 내용을 회상한다는 점에서 의미심장하다고 할 수 있다.

여기서 우리는 어거스틴이 〈호르텐시우스〉를 당시에 좋아했을 만한 구원의 힘을 가장 많이 주는 책(다시 말해 성경이 될 수도 있음)이라고 간주하지 않는다는 점도 주목해야 한다. 그리고 특히 철학에 현혹되어 하느님을 배척하지 말라는 사도 바울의 경고도 일부러 지적하고 있다. 〈고백록〉을 계속 읽으면 알겠지만, 어거스틴은 자신의 철학을 하느님과 그리스도에 대한 찬양으로 장식하는 데 공을 들이고 있다.

〈호르텐시우스〉에 몰두하느라 그리스도를 등한시한 것이 마음에 걸린(이런 느낌은 일찍이 어머니의 영향을 받은 탓이라고 생각함) 어거스틴은 결국 성경을 한번 들여다보기로 결심했다. 그러나 안타깝게도 초창기의 라틴어 성경은 글이 조악했고 뜻도 다소 모호했으며, 어거스틴처럼 수사학과 웅변술을 배우는 학생에게는 그 언어가 투박하고 친근감을 주지 못했다. 결국 성경을 내친 그는 지금에서야 깨닫는 그 숭고한 단순성, 즉 '내적인 의미'를 놓치는 어리석음을 범하고 말았다.

[10-18] 여전히 진리 탐구에 목말라 있던 어거스틴은 마니교라는 사이비 기독교 집단과 어울리기 시작했다. 여기서부터 제3권의 나머지 부분에서는 마니교의 기본 교리에 대한 개략적인 설명, 마니교 교리와 기독교 신앙이 불일치하는 점들, 그리고 10년 가까이 마니교 신도로서 그들과 어울렸던 실수를 고백한다.

어거스틴은 마니교 교리가 정교하게 짜인 신화에 지나치게 의존한다고 비난한다. 태양과 달을 신성한 존재로 숭배하고, 신성이란 개념을 '물리적인 형상'이나 '유형의 형태'라는 관점에서 시각화하는 성향을 지니고 있다는 것. 이런 '환상'과 '꿈'은 개종할 때까지 줄곧 어거스틴을 괴롭히는데, 그 후에도 그가 하느님을 거대한 물리적 존재가 아닌 '정신적 존재'로 인식하는 데 걸림돌이 된다. 이 대목에서는 올바른 견해를 짧게 설명하는데, 말인즉슨 하느님은 형체도 아니고 영혼(그 육체의 주인)도 아니며 개별적인 육체나 영혼보다 훨씬 진실되고 신뢰할 수 있는 '영혼의 생명이요, 생명의 생명'이라는 것이다.

이어서 어거스틴은 마니교가 기독교 신앙에 가하는 세

가지 주요 비판(〈고백록〉의 후반부로 가면서 이 비판에 대한 반박이 핵심적인 의도 가운데 하나로 부각됨)으로 주의를 돌린다. 첫 번째이자 가장 유명한 비판은 악의 본질과 근원에 관한 문제다. "하느님이 궁극적인 선이며 전지전능하고 영원하고 모든 존재의 근원이라면 어떻게 악이 존재할 수 있는가?" "하느님이 아니라면 그것들은 도대체 어디서 왔는가?" "최소한 어째서 하느님은 그것을 없애버리지 못하는가?" 마니교 신도들은 하느님이 전지전능하지 않고, 실은 자신의 상대자인 어둠, 즉 본질적으로 사악한 물질세계와 끊임없이 투쟁을 벌이고 있다고 우긴다.

두 번째 비판은 하느님의 존재에 관한 질문이다. "하느님은 육체의 형태로 국한되어 존재하는가?" "하느님도 머리카락과 손톱을 갖고 있는가?" 이 질문들은 악에 관한 질문과도 밀접하게 연관되어 있는데, 전능하고 동시에 어디에나 존재하는 하느님의 개념에도 의문을 품기 때문이다. 마니교의 관점에서 보면, 하느님은 제한된 존재로서 어디에나 있지 않고, 모든 것을 관장하지도 않는다.

이들 비판에 대한 어거스틴의 반박 논리는 본질적으로 신플라톤주의 철학에 바탕을 두고 있으며, 그것을 기독교 신학의 방어에 사용했다는 점은 〈고백록〉이 성취한 주요 업적 가운데 하나로 평가된다. 간단히 말하면, 하느님은 '그 자체'로 존재하고, 모든 존재 가운데 가장 순수하고 가장 완전한 형태이며, 그 외의 모든 것은 하느님의 피조물로서 '존재'의 저울에서 내림차순으로 각각 들어맞는 하급 존재에 불과하다. 다시 말해, 하느님으로부터 멀리 떨어져 있을수록 그 존재의 진실성은 작아진다.

이 내림차순의 저울에서 낮은 단계에 속하는 사물일수록 다양성과 일시성, 무질서한 성질도 더 크다. 요컨대, 하느님으로부터 멀리 떨어진 사물일수록 더 분산되어 있고 덧없는 성질을 띤다. 하늘(별이 빛나는 곳이 아니라 천사의 영역)은 하느님과 가깝기 때문에 하느님의 충만하고 변하지 않는 '존재(최대치의 존재)'에 그만큼 가까이 갈 수 있고, 인간의 영혼이나 정신은 그보다 한 단계 밑이며, 육체를 비롯한 기타 물질은 수많은 단계 가운데 맨 밑에 속한다.(물론, 이런 공간적인 이미지는 은유적으로만 이해해야 한다. 글자 그대로 이해하면 큰 실수가 된다.)

어거스틴은 이런 관념을 활용하여 마니교가 제기하는 악에 대한 질문에 답한다. '악은 선의 결핍일 뿐 그 자체는 존재하지 않고, 존재 없이 한데 몰려 있는 단계까지 내려간 것.' 악은 진정한 존재가 없는 상태에 붙인 명칭이며, 하느님의 통합성에서 아주 멀리 떨어져 나간 어떤 사물(또는 사람)에 붙이는 꼬리표에 불과하다. 우리는 최소한 은유적인 의미에서는 누더기처럼 망가진 존재의 최고봉, 유령과 다를 바 없는 가장 사악한 사물을 악이라고 여길 수 있다.(제

2권에서 어거스틴이 배 도둑질을 어떻게 처리했는지 회상해 보면 도움이 될 것이다. 그는 모든 죄악이 하느님을 흉내 내려는 각각의 시도가 왜곡되거나 완전하지 않은 형태라는 사실을 입증하려 했다.) 따라서 악은 하느님과 갈등을 일으키며 존재하는 어떤 어둠의 실존체가 아니라 단지 하느님의 피조물에 속하는 어떤 것이 하느님에게서 떨어져 나온 정도, 즉 어떤 사물(또는 인간)이 하느님 안에서 자신의 존재를 인식하지 못하는 정도를 의미한다. 세상에는 악이 '존재하지 않는다'는 어거스틴의 주장은 매우 중요한 의미를 지닌다.

이 주장은 하느님을 하나의 정신, '생명의 생명', 존재 자체의 조건으로서 깨닫는 것에 바탕을 두고 있다. 하느님은 존재이자 선이고, 하느님의 피조물은 위계질서를 이루면서 그 안에서 각각의 순서에 따라 선하다.(따라서 악은 상대적으로 얼마나 선하냐의 문제일 뿐이다.) 이처럼 하느님을 영적인 존재로 인식하면 인간이 하느님의 형상을 본떠 만들어졌다는 창세기의 내용에 관한 마니교의 두 번째 질문에도 답이 될 수 있다. 마니교 신도들은 인간이 하느님의 형상으로 창조되었다면 하느님도 인간의 모습처럼 생겼을 것이 아니냐고 비판했다.

어거스틴은 성경을 나름대로 해석해서 하느님은 '영(靈)', 그리고 인간은 언제든 그 '영'을 자신 안에서 찾을 수 있는 존재로 설명한다. 그렇게 되면 창세기의 내용을 설명하기 위해 하느님이 반드시 인간의 형상을 띠고 있을 필요가 없다. 하느님은 어떤 무한의 부피도 아니요, 모든 방향으로 무한정 확장되는 어떤 실체도 아니다. 어거스틴은 대체로 자신이 영적인 실체를 이해하지 못한 것을 마니교(그리고 자신의 죄 많은 생활양식) 탓으로 돌리고, 그 후에도 한동안 자신의 '모습'을 형상화하지 못하고 순수한 정신이 아니라 '내 육신의 정신'을 사용하지 못하는 상태에서 하느님을 인식하기 위해 안간힘을 쓴다.

창세기를 비롯한 구약의 상당 부분을 받아들이지 않는 마니교 신도들은 족장들의 일부다처제, 모세의 살인행위, 동물을 잡아 제사를 올리는 사례 등을 조롱하며, 성경의 다른 곳에서 제시되는 하느님의 법칙과 충돌한다고 비판했다. 어거스틴은 하느님의 법은 당연히 영원불변이지만 인간들에게는 단계적으로 드러나고 지역과 시대의 관습에 따라 조금씩 달리 적용된다고 주장한다.

하느님을 자신의 안에서 찾으면 발견되는 (물질세계와는 다른 차원의) '진정한 내적 정의'와 단순히 인간 세계의 일상생활에서 적용되는 상대적 정의 사이에는 차이가 있다는 것이다. 그러나 어거스틴이 남색(男色)을 자신이 제시한 다소 모호한 절대적 정의의 개념과 구별하려 들지 않고 '자연에 거슬리는 악한 행위'이기 때문에 언제 어디서나 하느님의 법에 의해 심판받아야 한다고 지적하는 모습은 흥미롭다.

어거스틴은 구약에 등장한 사례들이 당시로서는 옳았다며 마니교의 비판을 일축하고는 (변하지 않을 것으로 여겨지는) 죄의 종류를 간단히 분류한다. 나쁜 짓은 기본적으로 세 가지 동기—'이승의 자랑(지배의 욕망)… 안목의 욕심… (그리고) 관능을 충족시키려는 정욕'—에 의해 저질러지고, 하나나 둘, 또는 전부가 함께 나타나기도 한다.(훗날의 저작물에서는 사악한 동기를 쾌락, 자만심, 호기심으로 구분한다.)

어거스틴은 어떤 행동이 얼마나 죄가 있는지를 가늠하기가 애매한 사례를 몇 가지 소개한다. 예컨대, 법정에서 '개선'을 목적으로 어떤 사람을 벌했을 때 그 개인에게 해를 끼치려는 욕구에서 그랬다고 판단할 수는 없다. 또한 동물을 제물로 바치는 행위처럼 일부 사악한 행위도 예언자의 행위일 경우(구약에 나오는 제물 의식)에는 정당화될 수 있다. 따라서 인간들 앞에서는 비난받아야 할 행동도 하느님의 증거로 칭찬받을 수 있고, 남들에게 칭찬받는 사람도 하느님 앞에서는 저주받을 수 있다. 왜냐하면, 겉으로 드러난 행동과 행위자의 속내, 그리고 이런저런 그때의 상황을 모르기 때문이다.

[19-21] 제3권은 어머니의 꿈을 설명하는 것으로 끝

난다. 슬픔과 괴로움에 휩싸인 어머니가 나무로 만들어진 '잣대(길고 좁은 길이나 연단일 것)' 위에 서 있을 때 낯선 젊은이가 다가와 그 연유를 묻는다. 아들이 선한 기독교인이 되기를 거부하기 때문이라고 답하자 그 젊은이는 "당신이 있는 곳에 그도 같이 있을 것이요"라며 어머니를 안심시킨다. 그때 어머니가 뒤를 돌아보니 그 잣대 위에 어거스틴이 서 있더라는 것이다.

어머니는 이 꿈을 길조로 받아들이면서도 현지(북아프리카)의 어느 감독을 찾아가 아들을 개종시켜달라고 간청한다. 그러나 그는 아들이 아직 준비가 되지 않았다며 거절하면서도 한 마디를 덧붙인다. "염려하실 것 없습니다. 이렇게 흘리는 눈물의 자식이 망할 리 없습니다." 어거스틴은 이 이야기를 자기의 모든 실수에도 불구하고 하느님은 자기를 구원하기 위한 계획을 준비해 놓고 있었으며, 그것을 부분적으로나마 어머니를 통해 실행하셨다는 사실을 상기시키는 데 활용하고 있다.

Book 4

 와

카르타고에서 공부를 마치고 고향 타가스테로 돌아온 어거스틴은 수사학을 가르치면서 여러 친구를 사귀며 세속적인 출세의 길을 좇는다. 제4권에서는 이런 세속적인 사건들은 조금만 다루고 대부분은 자신이 겪었던 정신적 갈등을 되돌아본다. (진리에 대한 욕구를 통해) 그는 하느님을 향해 발을 내딛기는 했지만, 여전히 사악한 유혹에 빠지는 생활을 이어가면서 물질세계의 무상함, 그리고 그런 세계와 관련해서 하느님의 본질에 대해 떠오르는 의문들과 고통스럽게 씨름한다.

[1-7] 제4권은 타가스테에서의 삶(19세-28세)이 갖가지 욕정으로 인해 '유혹하고 유혹당하며, 속고 속이는' 일로 점철되었다는 고백으로 시작된다. 공적인 시간에는 학문을 빙자해서 공허한 세속적인 목표(훌륭한 웅변술, 인맥, 돈이 필수였던 공직 진출)를 추구했고, 사적인 시간에는 모든 추잡한 행동으로부터 깨끗함을 얻고자 '그릇된 종교(마

니교)'를 추종했다. 이처럼 물질적인 이득과 (그릇된) 영적 순수성을 동시에 추구하는 위선적인 삶은 '자멸'의 길일 수밖에 없다.

이 시기의 삶에서는 '명성을 얻고 싶은 나머지 말로써 남을 굴복시키는 재주를 팔아먹은 일'(법정에서 일부 학생들에게 수사학을 가르침)과 정욕으로 맺어진 한 여인과의 동거를 가장 크게 후회한다. 그는 이 여인의 이름은 밝히지 않지만, 13년간 함께 살면서 아들을 하나 두었다.

그럼에도 불구하고 이 시기에는 진리를 향한 노력에도 조그마한 진전이 있었다고 회상한다. 부분적으로는 대단히 현명한 그 지방 총독의 영향을 받아 마침내 점성술이 '완벽한 속임수'라고 결론지었다는 것.(천체에 대해 해괴한 설명을 펼치는 마니교 신화를 팽개치는 첫 번째 중요한 단계) 어거스틴은 이런 모호한 예언 형식과 흔히 함께 수반되는 정교한 희생 의식을 멀리했고, 마니교의 점이 맞아떨어지는 것을 거의 '만물에 편재한 우연의 힘' 탓으로 돌리기 시작했다.

[8-18] 그러나 이런 지적인 사색 활동은 '자기 혼의 반쪽'인 친구의 갑작스런 죽음으로 인해 슬픔에 휩싸이면서 한동안 중단된다. 누구든지 유한한 것에 정을 붙이고 얽매여 버리면 불행해질 수밖에 없다. 어거스틴은 그 불행한 삶을 놓지 못했고, 죽음이 무서웠노라고 고백한다. 그리고 진

작에 이 무거운 불행의 짐을 하느님께 맡겼더라면 그 짐이 가벼워졌을 테지만, 확고부동한 실체로 생각하지 않았던 환상의 하느님께 그 짐을 맡겼더니 그 짐은 허공을 돌아 다시 '나'에게로 돌아왔다.

이 주제는 어거스틴이 만물의 신뢰할 수 없는 성질과 일시성, 그리고 하느님의 영원성에 대해 지적인 성찰을 계속함에 따라 길게 다루어진다. 슬픔과 고통은 '죽을 수밖에 없는 사람'에게 터무니없이 집착함으로써 생긴다. 그리고 더 나아가 '항상' 모든 것을 사랑하는 하느님이 계시지 않는 혼의 상태인 비참함은 우리가 기댈 영원한 것이 없을 때 온통 세상에 널려 있다. "내가 나 자신을 피해 어디로 도망갈 수 있겠습니까?… 인간의 혼이 어디로 향하든지 당신[하느님]에게로 향하지 않는 한 슬픔에 사로잡히게 됩니다."

모든 주변 환경이 친구의 죽음을 연상시키자 어거스틴은 다시 타가스테를 떠나 카르타고로 향한다. 당시에는 정신이 혼란스러웠지만 그 비통함을 통해 얻은 교훈은 여전히 지니고 있다. 그 중요한 교훈 역시 인생의 덧없음이다. 만물은 지금 아무리 아름답게 보이더라도 시작과 끝이란 한계를 벗어날 수 없고, 일단 존재하게 되면 곧바로 '비존재를 향해 질주'하게 된다. 따라서 이런 사물은 우리가 그 사물들 안에서 하느님의 존재를 찾아 사랑하는 동안만 사랑의 대상이 될 뿐이다.

한편, 하느님은 '흔들리지 않는 고요한 장소'다. 비록 사물은 모두 언젠가는 사라지지만, 따지고 보면 잇달아 이 우주를 형성해가는 영구적인 통합체의 일부다. 우리는 하느님을 통해 이 통합체를 인식할 수 있다. 모든 존재는 하느님으로부터 오기 때문이다. 이런 이치를 깨닫게 되면 만물이 제 갈 길을 다 간 후 없어지더라도 안타까워할 일이 아니다.

일시성의 맥락에서 참고할 사항을 몇 가지 살펴보자. 어거스틴의 관점에서 연설은 두 가지 깊이 연관된 문제를 안고 있다. 첫째, 연설(글도 마찬가지)은 전부를 단번에 말할 수는 없고 여러 소리를 의미 있게 연결해서 전달해야 하기 때문에 항상 일시성, 즉 하느님에게는 해당되지 않지만 하느님으로부터 소원해진 피조물들이 겪는 상태에 얽매일 수밖에 없다. 둘째, 연설은 하느님을 정확히 묘사하지도 못한다.(〈고백록〉의 첫 쪽에 언급된 어거스틴의 고민) 그렇다면 언어는 형태와 내용 면에서 모두 하느님에 대한 진실을 추구하기에는 빈약한 도구지만, 예외가 있다. 하느님의 자비에 직접 호소하는 형태인 기도나 고백(라틴어에는 하느님께 자신의 죄를 인정하고 하느님을 찬양한다는 이중의 의미가 들어 있다.)이 그것. 하느님은 항상 귀를 기울이시고, 〈고백록〉은 하느님께 직접 호소하는 형식을 취하고 있다.

[19-27] 어거스틴은 카르타고에서 보낸 시기에 집필한

〈아름다움과 알맞음 *The Beautiful and the Fitting*〉을 잠시 재평가하고, 사물은 그 자체에 내재된 아름다움과 다른 것과 잘 들어맞는 데서 오는 아름다움이 있다고 주장한다.

그 책에는 지우고 싶은 부분이 많은데, 돌이켜보면 그 대부분은 '아주 어리석은 짓'이었다. 첫 번째는 당시 유명했던 로마의 웅변가 히에리우스에게 바친 헌사. 직접 그를 만난 적은 없지만 남들이 찬양하기에 좋아하게 되어 그 책을 바쳤다. "나는 이제껏 나의 하느님이신 당신의 판단이 아니라 인간의 판단을 근거로 사람들을 사랑하였나이다." 어거스틴은 히에리우스가 찬양받을 어떤 자질을 지녀서가 아니라 다른 사람들의 찬양 때문에 그를 사랑한 것이었다고 고백하면서, 실상은 그 사람의 본질이 바뀐 것이 아니라 평판이 달라진 것에 불과하다고 덧붙인다.

〈아름다움과 알맞음〉에서는 또 세상에는 분열과 불화를 일으키는 악의 실체가 있는 반면, 선의 본질은 통합과 평화이며 가장 완벽한 예는 순수한 마음속에 있다고 주장했다. 두 가지 오류를 지닌 이 견해는 모두 마니교 신앙에서 기인했다. 첫째는 악이 어떤 실체로서 존재한다는 관념인데, 하느님이 전지전능하고 편재한다면 성립할 수 없다. 둘째는 영혼을 '변하지 않는 최고선'이라고 생각한 것.

어거스틴은 특히 두 번째 오류를 '경악할 만큼 미친 짓'이라고 평가한다. '영혼'은 진리도 선도 아니므로 진리에 참여하기 위해서는 다른 빛에 의해 밝혀져야 한다는 사실을 몰랐다는 것이다. 그가 보기에는 악과 영혼에 대한 오류가 합쳐져 마니교 신앙의 특징인 교만함을 낳는다. 악은 (인간의 무능이 아니라) 하느님의 무능 때문에 존재한다고 여기고, 인간은 스스로를 하느님과 같은 존재라고 착각한다는 것.

이어 스무 살 정도 때 읽은 아리스토텔레스의 〈십 범주 Categories〉로 화제를 옮긴 어거스틴은 이제는 신플라톤주의자들처럼 이 작품을 이 세상(그리고 일반적인 논리적 과제들)에는 적용할 수 있지만 영적 존재인 하느님에게는 적용할 수 없는 체계로 이해하고 있다. 그러나 당시에는 혼란스러웠고 잘못 인도되어 마치 물체를 이해한 것처럼 하느님을 크고 아름다운 속성을 지닌 실체인 양 설명하려고 애썼다. '당신(하느님)의 크심과 아름다움은 당신 자신'이라는 진리를 깨닫지 못했던 것.

어거스틴은 이런 실수 때문에 하느님에 대한 형상화를 시도하는 그릇된 문제에 더욱 집착했고, 마니교 교리의 영향으로 인해 하느님은 '크기가 엄청난 빛나는 물체이며 자신을 그 물체의 한 조각'으로 생각했다면서 '이 얼마나 도가 지나친 왜곡'이었느냐고 개탄한다.

Book 5

 와

제5권은 학생들이 너무 난폭해서 마음에 들지 않았던 나머지 카르타고를 떠나 로마로 갔다가 다시 그곳 학생들에게도 염증을 느끼고 밀라노로 옮겨 기독교로 개종할 때까지 머물렀던 기간 동안 겪었던 일들을 서술하고 있다. 어거스틴은 이 시기에 마니교 지도자 파우스투스를 만난 이후로 더욱 마니교 신앙에 대해 매력을 잃기 시작했으며, 밀라노 감독 암브로스 를 만나게 되었고, 회의론의 진지한 의구심을 접했으며, 자신의 철학을 철저히 의심하는 지경에까지 이르러 결국 기독교의 예비 신자가 되기로 결심한다.

[1-13] 어거스틴은 모든 사물과 모든 인간은 하느님이 창조하신 전체 피조물의 일부란 점을 독자들에게 상기시키는데, 제3권에서 다뤘던 신플라톤주의의 개념과 일치하는 내용이다. 본래 악한 것은 없으며 가장 '사악한' 인간들조차 계속 하느님을 찬양한다. "아무리 굳게 닫힌 마음이라도 꿰뚫어보시는 당신(하느님)의 눈을 피하고 당신의 손길을

물리칠 수는 없기 때문입니다.”(어거스틴은 나중에 〈하느님의 도시 *City of God*〉에서 그처럼 명백하게 악한 사람들과 사물들을 아름다운 그림 속에 있는 검은 부분에 비유한다.)

어거스틴은 29세 때, 카르타고를 방문한 마니교 감독 파우스투스를 만나는데, 그와의 만남을 기술하기에 앞서 자연철학자들의 이론과 마니교의 '지루한 우화'를 비교한다.

지금이야 (과학자들과 심지어 과학자들이 사용하는 숫자들까지 창조하신) 하느님을 찬양하지 않고 이루어지는 학문은 가치가 없다는 사실을 알고 있다. 그러나 당시에는 천체의 운동을 정확히 예측하는 자연철학자들에게는 큰 감명을 받았지만 마니교는 천체의 운동에 대해서는 아무런 설명도 해주지 못했고(일식이 천상 세계의 전쟁을 '은폐하기 위한' 활동이란 주장도 펼침) 수학적 이론이나 자신의 관찰과도 일치하지 않았다.

파우스투스를 만난 어거스틴은 처음에는 그의 겸손한 태도에 감명을 받는다. 자세히 알지 못하는 주제(예, 점성술)에 대해서는 솔직하게 모른다고 고백한 것. 그러나 파우스투스의 현란한 수사학은 어거스틴의 마음을 사로잡지 못한다. 그즈음에는 이미 달변보다는 그 속에 담긴 내용이 더 중요하다는 사실을 깨달았기 때문이다. 마니교 신화와 그들이 내세우는 사이비 과학에 대해 전보다 더 큰 의구심만 품은 채 헤어지게 된 이 면담의 결과는 한 마디로 각성이었다.

[14-21] 어거스틴은 자기가 가르치는 학생들이 너무 난폭하고, 게다가 학생 시절에도 이런 추태를 싫어했기 때문에 카르타고를 떠나 로마로 향한다. 카르타고까지 동행했던 어머니는 아들이 떠난다는 소식에 슬퍼하지만, 어거스틴은 그때 로마행 배에 늦지 않게 오르기 위해 어머니에게 선의의 거짓말을 했노라고 고백한다.

로마에 도착하자마자 심한 열병(이 병을 하느님이 내리신 벌로 언급하는 대목에서 처음으로 '원죄'라는 말을 사용)에 걸려 거의 죽을 지경에 이른 어거스틴은 하느님의 자비와 어머니의 기도 덕분에 건강을 회복했노라고 말한다.

로마에서 생활하기 시작할 때 자신이 알고 있던 것을 평가하는 대목에서는 플라톤의 아카데미에서 시작된 회의론 학파인 '아카데미파'를 언급한다. 우리는 모든 것을 의심해야 한다든가 또는 인간은 진리를 확실하게 파악할 능력이 없다는 주장을 펼치는 아카데미파 철학자들이 다른 학자들보다 훨씬 더 현명하다면서, 다른 모든 믿음을 상대로 펼친 논리적 문제 제기는 특히 마니교 신화가 내세우는 다소 허구적인 가설에 큰 타격을 주었다는 것이다.

그러나 어거스틴은 마니교 교리의 영향과 하느님 또는 악을 생각할 때마다 떠오르는 '형상' 때문에 여전히 고심했다. 하느님은 '어떤 큰 물체나 빛나는 몸체'이고, 악은 징그

럽고 무시무시한 물체 같은 것으로 '땅에 침투하는 악령'이
라고 믿었던 것이다. 더군다나 그의 마음속에서 이원론(하
느님과 악은 서로 전쟁을 벌이는 두 물체라는 관념)이 떠나
지 않는다는 것은 그가 여전히 자신의 죄에 대해 진정한 죄
책감을 느끼지 않는다는 뜻이었다. 그러나 이보다 더 큰 오
류는 그리스도가 인간의 모습으로 화했다는 사실을 믿지
않는 마니교 교리를 그대로 받아들여 하느님의 독생자조차
'(하느님의) 빛나는 몸체덩어리로부터 우리를 구원하기 위
해 떨어져 나온' 분으로 생각했던 것이다.

[22-25] 어거스틴은 로마에서 궁핍하게 살았으며, 이
내 학생들이 야비하다는 사실을 깨닫는다. 그에게 수업료
를 내지 않으려고 학기가 끝나기 직전에 학교를 빠져나가
다른 교사에게 가기 일쑤였던 것. 속이 뒤틀린 그는 밀라노
에서 수사학 교사 자리가 나자 그곳으로 떠나는데, 이 사건
은 그의 인생에서 중요한 전기가 된다. 밀라노로 간 것은 "마
니교와의 관계를 단절하기 위해서였지만 당시에는 그들도
나도 그 사실을 알지 못했습니다". 그리고 나중에 어거스틴
의 개종에 결정적 영향을 미친 기독교 감독 암브로스를 만
난 곳도 밀라노이다.

어거스틴은 기독교 철학과 신학 이론에 대해 점차 개
방적인 태도를 취하기 시작하는데, 가장 큰 이유는 '은유적
으로 해석된' 구약 성서의 강독을 처음 접했기 때문이다.

이 경험은 실로 교회를 전적으로 믿게 되는 결정적 계기가 되었다. 하느님이 시간 속에서 몸의 형태로 사는 존재처럼 사물들을 '창조했고', 일들을 했다는 등, 만만찮은 문제를 안고 있는 것 같았던 창세기가 '상세한 영적인 설명을 접하자마자' 갑자기 훨씬 더 합리적인 이야기로 다가왔고, 구약 속의 많은 선지자들이 범하는 아주 사악한 행위들도 은유적으로 해석하자 새로운 의미를 띠게 된 것.

이즈음 거의 개종된 상태였던 어거스틴은 결단을 내려 세례를 받아야 한다는 하느님의 마지막 계시를 기다리는 '예비 신자'로 변해 있었지만, 하느님을 마치 기체처럼 모든 것 속에 퍼지거나 분산되는 물리적 실체나 모호한 물체로만 끈질기게 생각했기 때문에 완벽한 믿음을 가질 수 없었다. 여전히 영적인 실체라는 개념이 결여되어 있었던 것.

Book 6

초기 밀라노 생활을 설명하는 이 부분에서는 친구들과 가족을 중심으로 일어난 별개의 사건들과 토론들을 소개한다. 그는 개종 직전 단계(제7권과 제8권)들을 설명하기에 앞서 그 무대를 만들고 시시콜콜한 이야기들을 정리하려는 생각인 것 같다. 많은 논점 가운데 가장 중요하게 다루어지는 문제는 결혼과 안락한 생활이다.

[1-8] 어거스틴은 점차 기독교 교리에 개방적인 태도를 취해갔으며, 모두 어머니(밀라노까지 아들과 동행)와 암브로스 덕분이라고 말한다. 어머니는 밀라노에서 조용히 독실한 기독교 신자로 살면서 아들에게도 기독교에 귀의할 운명에 놓여 있을지 모른다는 암시를 끊임없이 주었다.

그리고 당시 밀라노의 기독교 감독이던 암브로스는 너무 바쁜 나머지 단독 접견 기회를 얻기가 몹시 힘들었으나 그의 설교, 특히 구약 해석은 어거스틴에게 계속 충격으로 다가왔다. 암브로스가 이 해석 방식을 묘사하듯 '율법 조문은 (사람을) 죽이는 것이요, 영은 살리는 것'이었다. 대다수 기독교 신자들은 하느님이 인간을 '자신의 형상으로' 창조했다는 창세기의 내용을 믿지는 않는다는 사실을 알게 된 어거스틴은 큰 사고의 전환을 겪는다. 누구나 쉽게 읽을 수 있는 구절들에도 더욱 깊은 뜻이 숨어 있을지 모른다고 생각하기 시작한 것이다.

어거스틴은 증명되지 않은 내용을 믿으라고 하는 가톨릭교회의 솔직한 가르침에도 점점 호감을 느낀다. 순수이성으로는 진리를 발견하기가 너무 미약하기 때문에 성서에 탁월한 권위를 주시어 그것을 통해 하느님을 믿고 찾도록 만드신다고 생각하게 된 것.

[9-24] 어거스틴은 밀라노에서 친구들과 나눴던 토론에 대해 설명한다. 첫 번째는 그가 황제 찬양 연설을 준비하고 돌아가는 길에 마주쳤던 거지에 관한 일화다. 중요한 연설을 앞둔 그는 몹시 불안했지만, 술 취한 거지의 행복해하는 모습을 보고 우울해진 나머지 친구들에게 이야기한다. 우리가 노력하는 것은 행복을 얻기 위함인데 그 거지는 결코 우리가 닿지 못할 경지에 먼저 도달했으며, 어거스틴 자신도 고작 거지가 몇 푼의 돈을 구걸해서 얻는 일시적인 행복감을 맛보려고 많은 고난을 겪어야 했다는 것이다.

어거스틴이 속을 터놓는 친구가 네브리디우스와 알리피우스이다. 어거스틴은 두 친구와 자기를 진리에 굶주린

'세 사람의 입'이라고 묘사하는데, 이들과 함께 지내면서 얻는 정신적인 도움에 크게 의존했던 것 같다.

이때쯤, 진리를 발견할 곳은 기독교라는 확신을 어느 정도 갖게 된 어거스틴은 금욕 문제를 놓고 심각하게 고민하기 시작한다. 교회는 결혼의 틀에서 이루어지는 성생활은 허용했지만, 가능하면 성생활을 하지 않고 살도록 권유했다. 어거스틴은 최소한 결혼은 해야겠다고 생각했다. 기혼자란 신분과 신부의 돈(지참금)이 출세에 도움이 되리라고 생각했기 때문이다. 그는 청년기에 성경험을 한 뒤 줄곧 순결을 지켜온 알리피우스와 이 문제를 깊이 논의했다.

알리피우스는 결혼하면 친구들과 함께 살 수 없을 뿐만 아니라 한눈팔지 않고 한가롭게 지혜를 추구할 수도 없다며 적극 반대했다. 그럼에도 불구하고 어거스틴은 결혼을 약속했지만 신부가 어려 결혼은 수년 뒤로 미뤘고, 결혼에 방해가 된다며 동거녀(아들 아데오다투스의 생모)와 결별한다. 그녀는 하느님께 다시는 다른 남자와 살지 않겠다고 맹세하고 아들을 남겨둔 채 아프리카로 돌아갔다. 그러나 어거스틴은 정욕의 노예가 되어 결혼 때까지 참지 못하고 다시 다른 동거녀를 구한다.

제6권은 어거스틴이 개종과 결혼을 앞두고 있으면서도 여전히 갖가지 의구심에 시달리는 매우 불안한 정신 상태를 고백하는 이야기로 끝을 맺는다.

Book 7

 와

이제껏 신플라톤주의적 용어와 관념을 사용했던 어거스틴은 제7권에 와서야 신플라톤주의 철학 책을 접하게 된다. 그가 오랫동안 추구했던 철학과 가톨릭교회를 향한 새롭고 진지한 신앙심을 조화시키는 방법을 신플라톤 철학에서 찾은 획기적인 순간이며, 이후부터 이들 두 가지는 평생토록 그의 저술 작업(《고백록》 포함)에 길잡이가 된다.

[1-7] 어거스틴은 당시에 자신이 지녔던 철학 세계를 재평가하면서, 하나의 존재로의 하느님이란 개념과 악의 본질이란 개념(신플라톤 철학을 자신에게 맞게 변형시킨 두 개념)에 특히 관심을 쏟는다. 그 핵심은 여전히 하느님의 형상화 문제다. 마니교의 이원론을 배격한 어거스틴은 결국 하느님을 일종의 제한적이고 부분적으로 무능하다기보다는 '타락하지 않고 침해될 수 없으며 불변하는 실체'로 믿으려 애쓰고 있다.

그러나 그에게는 여전히 영적인 실체(물질이 아니고

공간 속에 존재하지도 않는 실체)의 개념이 정립되어 있지 않다. 애초에 하느님을 '마음속에 그리지' 말았어야 했는데도 '생명의 은밀한 숨결' 또는 햇빛으로 그리고 있었던 것. "나의 눈은 그런 형상에 익숙해지고 나의 마음은 내 눈이 보고 있는 그 형상을 받아들였다." 그는 공간을 차지하지 않으면서도 존재할 수 있다는 개념을 이해하지 못했다.(이러한 마음의 형상을 갖게 해주는 정신력 자체도 어떤 큰 물질적 존재가 아니라면 그 같은 형상을 이루어낼 수 없다고 생각했다.)

마찬가지로 어거스틴은 마니교의 이원론을 '가증스러운 이론'으로 치부하면서도 악의 원인에 대해서는 해답을 제시하지 못했다. 심지어는 (아마 암브로스의 설교를 들은 뒤에) 악한 행위의 원인은 인간의 자유 의지이고 그 결과 우리가 하느님의 심판 때문에 악(고난)을 당하게 된 것이 아닌가, 하고 의심하는 단계에까지 이르렀지만 어째서 인간이 악을 선택할 수 있느냐, 하는 의문은 남았다. 하느님이 전지전능하시다면, 선을 원치 않는 의지는 어디에서 오는 것인가?

어거스틴은 이 문제 역시 부적절한 시각화의 탓으로 돌리고 있다. 하느님을 '크지만 유한한 해면체' 같은 세계가 들어 있는 드넓은 바다처럼 생각했던 그는 "악이 어떻게 그 속으로 들어갔을까?"라고 묻는다. 만일 본래부터 어떤 악한 질료가 있었다면(마니교 교리), 하느님은 왜 그것을 창조하셨을까?

[8-22] 친구 피르미누스와 대화를 나눈 어거스틴은 점성술을 헛되고 가당찮다며 간략히 서술하고는 신플라톤 철학에 관한 경험담을 들려준다. 신플라톤 철학서(책 이름은 언급하지 않음)를 읽은 그는 창세기와 놀랄 정도로 흡사하고 마니교의 이원론과 확연하게 대조적인 입장을 취하고 있는 내용에 큰 충격을 받는다.

어거스틴은 그 책을 읽은 후에 느꼈던 흥분을 가볍게 묘사한 뒤, 그리스도를 인간의 형태를 취한 하느님이라고 암시하는 구절을 찾지 못했노라고 말한다. 신플라톤주의 철학은 하느님은 모든 사물의 존재 근거라는 관념(아울러 영혼은 하느님과 같지 않다는 주장)을 지지하지만, "말씀이 육신(그리스도)이 되어 우리 가운데 거하셨다"는 관념에 대해서는 전혀 언급하지 않았다.(어거스틴이 이런 책들 속에 그리스도에 관한 언급이 없다는 점을 갑작스레 지적하는 이유는 어쩌면 순진한 기독교도들의 비판에 대비해서 선수를 치려는 의도 때문인지도 모른다. 〈고백록〉에서는 자신이 철학 자체에 매우 몰두해 있다는 점을 드러내지 않으려고 주의하고 있다.)

어거스틴은 이 부분에서 신플라톤주의 철학에 대해 두 가지 비판을 제기한다. 첫째는 신플라톤주의 철학이 하느님을 전혀 찬양하지 않는다는 것이요, 둘째는 다신교적인 경향에 물들어 있다는 것이다. 이런 문제점들에도 불구하고 어거스틴은 이 책들에 감명을 받은 나머지 강력한 하느님의 형상을 그릴 수 있게 되었다. 신플라톤주의자들의 권고대로 "내가 당신의 인도하심을 따라 내 영혼 안으로 들어가자 미약한 내 영혼의 눈으로나마 거기서 내 영혼의 눈 위에 그리고 내 정신 위에 있는 변하지 않는 빛을 보았습니다".

여기서 처음으로 눈으로 볼 수 있는 종류가 아닌 빛이 언급된다. "지상에 있는 어떤 빛과도 전혀 다른 빛이었습니다. 그 빛이 내 정신 위에 있다 함은 기름이 물 위에 있거나 하늘이 땅위에 있듯이 있는 것이 아니었습니다." 이런 상상에는 그릇된 형상이 있는 게 아니라 형상 자체가 없다.("이렇게 보면 당신(하느님)은 육체에서 오지 않았습니다.") 어거스틴은 마침내 마음의 눈이 아니라 마음 자체로 하느님을 '볼' 수 있게 되었다. 자신이 '본' 것은 "'존재'이고, 그것을 본 나는 아직 '존재'가 아닙니다". 이것이야말로 신플라톤주의적 시각이며, 어거스틴은 이 시각에 힘입어 마침내 하느님, 그리고 같은 상대적 '존재'의 계층에 놓여 있는 수많은 피조물들과의 상관관계(하느님이 최고 정점에 있고, 어거스틴은 하느님으로부터 '한참 떨어져' 있음)를 이해할 수 있게 되었다.

그 순간, 악의 본질도 이해하게 되었다. "하느님에게는

악이 전혀 존재하지 않습니다." 세상을 구성하는 모든 요소
들은 '본질적으로 선하다'. 그러나 '이익이 충돌할 때는' 사
악하게 보일 수 있다. 나아가 인간의 '사악'은 어떤 실체가
아니라 '인간 의지의 왜곡'이다. "의지의 왜곡이라 함은 그
의지가 최고 실체이신 하느님으로부터 돌아서서 자신 안에
깊이 놓여 있는 보배를 버리고 낮은 부분으로 떨어져 나와
부풀어 있음(교만)입니다." 이것 역시 하느님(모든 실존의
원인)과 진정으로 대립할 수 있는 것은 없으며, 다만 인간
의 자유 의지로 인해 하느님으로부터 떨어져 나올 수 있다
는 신플라톤주의적 입장이다.

[23-27] 불행스럽게도 하느님에 대한 이 같은 내적인
시각은 '눈 깜짝할 순간에 도달했다가 사라지는' 일시적인
것이었다. 자기가 지은 죄(특히 '육체의 버릇(정욕)')의 무
게로 인해 하느님으로부터 떨어져 나와 낮은 곳으로 끌어
내려졌기 때문이다. 그리고 하느님의 사랑을 계속 '즐길'
수 없게 만든 또 다른 장애도 지적한다. 아직도 '하느님과
인간 사이의 중보자(仲保者)이신' 그리스도를 믿지 못한다
는 것.

어거스틴은 그리스도를 붙잡지 못하고 주저한 것은 겸
손하지 않았기 때문이라고 말한다. 겸손하지 않으면 지식
도 그 만큼밖에는 도달하지 못한다. 그리스도는 "(그리스도
에 순종하는 자들을) 자기에게 이끌어 올리십니다". 그러나

어거스틴은 그리스도를 하느님이 선택하신 '탁월한 지혜를 소유한 하나의 인간'에 불과하다는 신플라톤주의적 사고를 그대로 받아들이고 있는 것 같다.(제5권에서는 그리스도에 순종하는 정반대의 오류를 전적으로 신성한 행위라고 주장)

"당신이 확실히 존재하신다는 것, 무한한 존재자이시기 때문에 유한하거나 무한한 공간에 펼쳐져 계신 분이 아니라는 것, 항상 변하지 않는 분이라는 것, 그리고 만물이 당신으로부터 왔다는 사실은 그들이 존재하고 있다는 이유만으로도 증명된다는 것은 확실히 알고 있었지만, 나는 너무 약한 나머지 당신을 즐길 수가 없었습니다." 그러나 사도 바울의 서신을 읽자 이내 저절로 답이 나오고 신플라톤주의 철학과 흡사한 점을 또 다시 발견하지만 그런 엄격한 철학 서적들에는 온유함과 겸손함도 없다. "내가… 신플라톤주의 책들에서 읽었던 모든 진리가 이 성서에는 당신의 은혜에 대한 찬양과 함께 언급되어 있었습니다."

Book 8

 와

어거스틴은 하느님(그리고 악)과 그리스도에 순종하는 겸손함에 대해서는 조금 이해했지만 완전한 기독교 신자로 변신하는 문제를 놓고 여전히 고뇌한다. 제8권은 그가 밀라노에서 겪은 개종에 관한 글이며, 고통스러운 영적 마비 상태로부터 시작하여 (성직자로서의) 독신 생활의 의무와 기독교 신앙을 완전히 받아들이는 황홀한 결단으로 막을 내린다.

[1-18] 어거스틴은 당시 하느님을 향한 여정에서 이룩한 정신적 진보를 찬찬히 돌아본다. 그는 '당신(하느님)이 불멸의 실체이시고, 다른 모든 실체의 근원이 되심을 의심하지 않았으며', 하느님은 아무런 공간을 점유하지 않는 영적인 실체임을 인식하게 된다. "내가 바랐던 것은 당신의 존재에 대한 강한 (지적인) 확실성보다는 당신 안에서 (내 마음이) 더욱 견고히 서 있는 것이었습니다."

어거스틴은 고민을 털어놓고 인도를 받기 위해 사제인

심플리키아누스를 찾아갔다가 빅토리누스의 이야기를 듣는다. 그리고 직전에 읽었던 신플라톤주의 철학서의 번역자이자 매우 존경받는 수사학자 빅토리누스가 말년에 기독교로 개종했다는 말을 듣고는 그토록 학식이 높고 출세한 사람이 독실한 기독교 신자가 되었다는 사실에 큰 감명을 받는다.

개종 이전이던 어거스틴에게 이제 더 이상 장애물은 없었다. 그러나 "육의 의지와 영의 의지는 내 안에서 싸워 내 영혼을 찢어놓았습니다". 물질세계와 쾌락의 재미를 추구하는 '버릇'을 본마음은 아니라면서도 떨쳐 버리지 못하고 있었던 것.

그는 이런 심리 상태를 너무 졸려 일어나지 못하는 사람에게 비유하면서 개종을 향해 아주 조금씩 접근한다. 네브리디우스는 영적인 추구에 더 많은 시간을 내기 위해 법정 일을 거절하기 시작하고, 알리피우스도 같은 문제를 놓고 어거스틴과 진지하게 대화한다. 이렇게 개종에 필요한 분위기가 무르익은 상태에서 동향인인 폰티키아누스가 찾아와 밀라노 외곽의 수도원들과 제국 관리로서의 삶을 버리고 마음을 하늘에 붙인 채 수도사의 길을 택한 두 친구의 이야기를 들려주는데, 어거스틴에게는 비난이나 다름없었다. "당신은 나를 내 눈 앞에 던져 놓았습니다. … 내가 벌거숭이로 내 앞에 서 있는 날이 드디어 온 것입니다."

[19-26] 의지의 위기를 겪고 있던 어거스틴은 알리피우스와 대화하다가 심약한 의지에 분노하고, 자신의 '정신적인 면뿐 아니라 겉모습에도 깊이 절망하는' 과정에서 마침내 중요한 전기를 맞는다. 마음을 진정시키기 위해 세를 들어 있던 집의 정원으로 산책을 나갔다가 허약한 의지에 절망하고 자책하기 시작하는데, 어떤 일을 결심하고 실행에 옮겨야 하는 문제 때문이 아니었다. "이 순간, 어떤 일을 실행하는 힘이 바로 의지입니다."

사실 어거스틴에게는 어떤 일을 하고 싶은 의지만큼이나 어떤 일을 실행하려는 의지도 필요하지 않다는 점이 더욱 곤혹스러웠다. 정원에서 자책하며 육신은 마음이 원하는 대로 따랐으나 마음은 마음의 명령에 따라주지 않는 논리적 모순을 깊이 분석하고, 자기 속에 있는 두 의지가 원인이라고 짐작하면서도 이내 그 생각을 떨쳐버린다. 자기 허물을 두 개의 상반된 의지 탓으로 돌리는 것은 마니교식 사고방식이었기 때문이다. 그리고는 스스로의 책임을 시인한다. "그것은 나 자신이었습니다. 나는… 나 자신으로부터 분리되어 있었던 것입니다."(그래서 그의 영혼이 찢어진 것 같다는 뜻)

어거스틴은 "자, 당장 그렇게 하자. 당장 그렇게 하자"고 다짐하지만, 세속적인 습관이 끊임없이 괴롭히고 유혹한다. 드디어 습관의 목소리가 잦아들기 시작하고 '절제의 여인’이 등장하더니 웃으며 말하는 듯했다. “두려워 말고 용감하게 너를 그에게 맡겨라. 그가 너를 영접하여 온전케 하시리라.”(정원 장면은 전반적으로 수사학적인 설명과 사실적인 설명 사이의 경계가 모호하지만 환영이라기보다는 은유적인 표현) 그러자 마음속에 담아 왔던 비참한 감정이 모두 솟구쳐 나왔다. 그는 알리피우스의 곁을 떠나 벤치로 가서 마음으로부터 죄를 뉘우치며 흐느낀다.

그때 ‘이웃집’에서 어린아이의 목소리가 계속 들려왔다. “들고 읽어라, 들고 읽어라.”(오래된 원고에는 ‘하느님의 집에서 들려오는 소리’라고 쓰여 있기 때문에 환영인지 문학적인 표현인지 불분명) 어거스틴은 이 소리를 성경을 펼쳐 처음 눈에 들어오는 곳을 읽으라는 하느님의 계시로 받아들이고 그대로 행동에 옮긴다. “주 예수 그리스도로 옷을 입고 정욕을 위하여 육신의 일을 도모하지 말라.”

이 경험은 어거스틴을 즉시 그리고 마침내 개종시키기에 충분했다. 그는 알리피우스에게 그 사이에 일어난 이야기를 들려주고 어머니에게 달려가 그 소식을 전한다. 마침내 자신의 목적지에 도달한 것이다.

Book 9

 와

어거스틴은 제9권에서 개종 이후에 겪었던 여러 사건, 즉 세속적인 직업의 포기, 알리피우스와 아데아다투스가 참관한 가운데 받은 세례, 오스티아에서 어머니가 세상을 떠나기 직전 함께 환영을 보고 어머니를 찬양한 일 등을 상세히 적고 있다.

[1-15] 어거스틴은 완벽한 자유 의지로 하느님을 받아들인 이상, 언변 장사를 그만둬야 한다고 생각하고는 혼란을 일으키지 않기 위해 다음 방학 때까지 기다렸다가 사임한다. 당시 줄곧 가슴 통증으로 시달려 왔기 때문에 훌륭한 핑계거리는 있는 셈. 그 와중에 네브리디우스와 또 다른 친구 베레쿤두스도 개종을 결심한다.

어거스틴은 세속적인 직업을 포기한 뒤에도 계속 책을 읽었으며, 기독교에 대한 신플라톤주의적 견해를 설명하는 대화록*

---

* **대화록**: 〈회의론 반박〉, 〈행복한 삶〉, 〈질서론〉, 〈독백론〉 등의 초기 작품들.

을 집필했다. 지금 이런 책들에 큰 자부심을 갖고 있는 그는 그 내용 가운데 어떤 부분도 철회하지 않는다. 당시에는 성경 시편을 읽고 '나의 눈과 나의 목소리에서 모든 감정이 나타날' 만큼 큰 감명을 받기도 했다. 두려움에 떨면서도 희망으로 불탔고 하느님의 자비에 즐거워했다는 것.

어거스틴은 마니교를 믿었던 시절을 잠시 회고하는데, 지금은 마니교 교도들에 대해 동정심과 분노만 갖고 있을 뿐이다. 이제 구원을 받은 그는 하느님을 모르고 살아가는 사람들을 위해 무슨 기여를 할 수 있을지에 대해 생각하기 시작한다.

아데오다투스와 알리피우스가 참관한 가운데 어거스틴은 암브로스의 세례를 받는다. 그 후에는 암브로스가 개최하는 집회에 적극 참여하고, 로마 황제 발렌티니아누스 2세의 어머니 유스티나(아리우스파)의 반기독교 정책에 항의하는 농성에도 참가한다.

[16-37] 이 같은 일련의 사건을 상세히 설명한 어거스틴은 어머니에게 관심을 돌려 그동안 어머니가 보여준 독실하고 겸손하고 현명한 자질을 회고하면서 아버지를 비롯해 어거스틴의 친구들과도 화평한 관계를 유지한 것에 대해 찬양한다. 그리고 하느님이 당신의 보다 고귀한 목적, 이를테면 어거스틴을 안전하게 가톨릭교회의 손에 인도하기 위해 어머니를 보내신 것은 아닌지, 하는 생각마저 갖게 되

고, 어머니가 말년에 아버지를 인도해서 충실한 신자가 되게 했다는 사실도 밝힌다.

이들 회상 가운데 일부는 어거스틴이 개종한 이후부터 어머니가 병으로 세상을 떠나기 직전까지 오스티아에서 함께 경험했던 환영을 묘사하고 있다. 어거스틴은 어머니와 정원이 내려다보이는 창가에서 성자들이 사후에 하늘에서 받게 되는 보상의 성격에 대해 대화를 나누면서 그 천국의 모습을 인식하기 위해 이승의 육체를 초월해 해와 달과 별이 지상으로 빛을 보내는 하늘에 까지 오르고, 거기서 더 나아간 끝에 자기들 내부에서(마음속 본성) 답을 찾았다고 회상한다.

대화를 통해 이 관념을 계속 좇던 두 사람은 일종의 영적인 지혜(역시 일시적인 경험)를 얻는 단계에 도달한다. "우리는 그 지혜를 목말라 했으며 전심전력으로 집중하다 보니 순간적으로 그 지혜와 약간 접촉하게 되었습니다." 가공의 상승 체험(신플라톤주의 철학서를 처음 읽은 뒤의 경험)을 상세히 설명했던 이전 경우와 달리, 이번의 신비 체험은 사랑에 의한 진리 탐구의 여정처럼 보인다. 같은 경험을 공유했다는 사실이 약간 이런 변화의 증거다.

이 경험을 더 자세히 설명하는 과정에서 어거스틴은 만일 세상 만물(영혼 포함)이 철저히 정지해 있고 움직이지 않는다면, 아마 하느님은 어떤 중재자를 통하지 않고 '자신을 통해' 말씀을 전했을 것이라고 주장한다. 이것은 그와 어머니가 직접 체험한 것과 비슷하다. "영생이란 우리가 이해한 순간의 경험과 내용이 같을 것입니다."

신비를 체험한 어머니는 어거스틴에게 이 세상에서 할 일을 다했노라고 말한 뒤 얼마 지나지 않아 큰 병에 걸린다. "내 몸은 어디에 묻어도 좋다.… 다만 너희들이 어디에 있든지 주님의 제단에서 나를 기억해 다오."

어거스틴은 어머니가 하느님 곁으로 갔기 때문에 죽음을 슬퍼하지 않기로 다짐했지만 여전히 너무나 고통스러웠다고 회상한다. 왜 그렇게 슬픈지 이성적으로 답을 구할 수 없었기 때문에 무한한 동정심을 가지신 하느님 앞에서는 슬퍼해도 용인될 것이라고 결론짓고, 부모를 위한 기도와 함께 제9권(그리고 자신의 인생 이야기)을 마무리한다.

Book 10

 와

　제10권은 여러 가지 철학과 신학 문제에 대한 직접적인 분석으로 넘어가는 분기점이고, 여기서부터는 분량이 두 배 이상 크게 늘어난다는 점도 특기할 만하다. 이처럼 형태와 내용이 갑자기 바뀌기는 해도 어떤 기본적인 구조는 따르고 있는 것 같은데, 그 구조는 영혼이 하느님에게 돌아간 이야기가 본질적으로는 모든 피조물들이 하느님에게 돌아가는 이야기와 같다는 그의 견해(이 작품에 명시적으로 드러나지 않음)에 바탕을 두고 있다. 따라서 나머지 네 권은 기독교를 옹호하는 관점에서 어거스틴 자신이 하느님에게 올라간 경험보다는 하느님 안에 존재하는 세계에 대한 상세 설명에 초점이 맞춰져 있다.

　제10권은 기억에 대한 분석을 통해 이 같은 집필 의도를 따른다. 어거스틴에게 기억은 정말 신비한 주제인데, 우리들 눈에는 다소 기이한 선택처럼 보여도 그가 인식하는 라틴어의 '기억(*memoria*)'이란 단어가 탄생 이전에 있었던 영혼의 일생에 관한 플라톤식 관념 외에 다른 의미를 함축하고 있다는 점에 주목하면 이해하기가 쉬울 것이다. 플라톤은 배움이란 사실 영혼이 이미 알고 있었지만 인간의 형태를 취한 즉시 잊어버린 것을 기억하는 과정이라고 주장했으나 어거스틴은 플라톤의 관념에 새롭고 내적인 변형을 가해 기억을 무의식적인 지식으로 보는 관념에 더 관심을 쏟는다.

[1-11] 어거스틴은 도입부에서 하느님에 대한 자신의 사랑을 분석한다. "내가 (하느님을) 사랑할 때 나는 무엇을 사랑하는 것입니까?" 그 사랑은 인간의 오감과는 무관하고, 오감에 대응하는 하느님의 빛, 소리, 음식, 향기, 포옹에 해당하는 은유적이고 손에 잡히지 않는 정신적 감각들이다. 달리 말하면, 하느님을 '인식하기' 위해서는 자기 안으로 들어가 하느님이 마음(또는 영혼)에게 영원히 베푸시는 빛, 소리, 음식, 향기, 포옹을 사랑하는 것이다.

이것은 무생물이나 짐승들은 결코 가질 수 없는 능력이다. 그럼에도 불구하고 그것들도 오직 하느님 안에서만 존재할 수 있기 때문에 하느님 안에 동참해야 한다. 게다가 그것들은 인간이 하느님에 대한 인식에 도달했을 때의 경이로움을 부각시켜 준다. "창조된 질서는 사실 모든 사람에게 똑같이 말하지만 그 뜻은 감각을 통하여 밖으로부터 들어오는 소리를 안에 있는 진리와 비교할 수 있는 (이성을 가진) 사람들만 이해할 수 있습니다.”

그러나 하느님을 그 분이 지닌 영적인 능력과 함께 ‘인식한다’는 것은 하느님에 대한 직접적인 지식을 갖고 있다는 것과는 다르다. 어거스틴은 하느님을 ‘찾고’ 알고자 노력하는 과정에서 자기 자신을 깊이 탐구하고, 하느님이 주신 육체의 생명을 잠시 성찰하고 나서 그 생각을 일축한다. 하느님은 육체의 생명이 아니라 ‘생명의 생명’이라는 것. 그리고 한 걸음 더 나아가 자기 육체를 움직이는 생명의 힘 이외에 그 육체에 주어진 감각을 통해 사물을 지각할 수 있는 ‘또 다른 힘’인 마음이 있다는 것을 깨닫지만, 여전히 만족하지 못한다. 노새 같은 미물도 이런 기본적인 마음은 갖고 있다는 것.

[12-26] 그래서 이 힘을 초월해 그분에게 오르려고 하다 보니 ‘나는 기억이라는 평야와 넓은 궁전에 오게 되었습니다’. 어거스틴은 기억의 종류를 논하며 인간의 능력 가운데 가장 신비로운 기억 능력을 분석하기 시작한다.

첫 번째는 우리에게 가장 친숙하고 명확한 종류의 기억인데, 넓게는 감각적인 인식의 범주에 들어간다. 어거스틴은 처음에는 ‘기억의 창고’라는 은유법을 빌어 설명한다. 사물의 영상들이 저장되고(가끔은 귀찮다), 검색되고, 다시 저장되는 곳.(가끔은 새로운 장소에 저장)

이 이론을 바탕으로 어거스틴은 영상에 의해 기억 속

에 저장된 것들의 종류에 대해 숙고한다. 매우 기이한 실체인 이 '영상들'은 우리가 맛보고, 듣고, 볼 수 있지만 지각한 사물들이 그대로 들어가는 것이 아니고 지각된 사물의 영상들만 들어가 간직되어 있다가 기억하는 사람의 생각에 떠오른다. 그 영상 저장소의 크기는 놀라울 정도다. 즉 인간의 기억력은 그 깊이가 실로 '광대하고 무한'하다.

이처럼 기억의 광대함은 어거스틴의 이해 범위를 초월한다. "나 자신도 내 자신의 전부를 파악할 수 없습니다." 그러나 이런 상황은 논리적으로 앞뒤가 맞지 않는 듯하다. 그렇다면 내 마음이 스스로 포괄할 수 없는 부분까지 어떻게 포괄할 수 있다는 말인가? 기억의 본질은 더욱 미궁 속으로 빠져드는 것 같다.

꼬리를 물고 이어지는 생각을 잠시 멈춘 어거스틴은 자신의 기억 안에는 학예를 통해 배운 지식을 망각하지 않고 간직하는 능력도 있다는 사실에 주목하는데, 이런 종류의 기억은 실체는 밖에 있고 영상만 기억 안으로 들어오는 경우와는 다르다. 기억에 간직되는 것은 그런 능력(지식)의 영상이 아니라 능력 자체이기 때문이다.

그 능력에 이어 어거스틴은 곧바로 전혀 새로운 종류의 기억을 구성하는 여러 관념들로 옮겨간다. "오직 마음으로만 파악한 것들은 어디서 어떻게 내 기억 속으로 들어오게 되었을까?" 여기서 의미하는 관념들은 관념 자체이지 그것을 통해 전달될 수 있는 감각적인 정보가 아니다. 어떤 새로운 관념이 스스로 참임을 증명하는 경우는 어떻게 설명해야 할까? 세상에는 우리가 어떤 다른 권위에 의존하지 않고 단지 그 관념 자체가 진리로 다가오는 경우가 많다.

여기에 대해 어거스틴은 그런 관념에 대한 기억은 틀림없이 '내가 그것을 알기 전에 이미 기억의 아주 깊숙한 구석에 파묻혀 있으면서', 내가 인식하기를 기다리고 있다는 지극히 플라톤주의적인 답을 내놓는다. 비록 우리는 어떤 관념의 진실성을 인식할 때 기억으로 인식하지 않는다고 하더라도 그 관념의 조각들은 기억 뒤편 어딘가에 존재하다가 (사색의 결과이든 외부 정보원을 통해서든) 우리가 진리라고 인식하는 어떤 관념을 접하면 흩어져 있는 영원한 '기억'의 그 단편들을 '모아 정리한다'는 것이다.

어거스틴이 관념 자체와 우리가 그 관념을 알게 되는 형태의 차이를 확실히 구별하기 위해 예로 드는 것이 수학에서 쓰는 선(원리)과 숫자들이다. 설령, 우리가 쓰여진 선이나 수를 볼 수 있더라도 이 물질적인 형태는 이미 우리 마음속에 있는 더욱 완벽한 형태(실제로 우리 밖에서 본 적이 없는 완벽한 형태)를 나타낼 뿐이란 것이다.

감정적 기억이란 이름이 붙은 기억도 문제가 있다. 우리가 재경험하지 않고도 기억할 수 있는 감정들은 어떻게 설명할 수 있는가? 어거스틴은 지금 슬픈데 과거의 기쁨(예를 들어 육체적 욕망이 충족되었을 때 느낀 쾌락의 순간)을 기억할 때와 지금은 기쁜데 과거의 슬픈 사건을 기억할 때를 떠올린다. 그렇다면 감정적인 기억의 영상은 최초의 기억과는 다른 단계에 저장된다는 말인가? 이런 일이 일어나려면 감정은 마음 자체의 일부일 가능성이 높아 보인다.

이런 논리적 모순도 제쳐놓고 내적인 분석을 계속한 어거스틴은 자신이 '망각했다'는 것을 기억해내지 않고 어떻게 그것을 이해할 수 있는지 파악하려다가 고역의 절정에 이른다. 논리적 모순이 얽히고설키며 확장되는 가운데 아무런 결론에 도달하지 못한 채 기억을 '깊고 무한한 다양성을 지닌 무서운 존재'라고 부르며 분석을 멈추는 것.

이 구절을 보면, 기억의 심오함과 무한한 복잡성을 자유자재로 묘사하기 위해 온갖 수사학적 수단을 동원하기로 마음먹은 듯하다. 어느 정도는 사람의 마음속에서 무한한 하느님을 발견했다는 사실을 보여주려는 총체적 노력 때문이기도 하지만, 특히 기억을 자기 연구의 매우 소중한 근거로 명시하고 싶어하는 모습이다.

지금까지 기억의 종류(감각들, 능력들, 관념들, 감정들)를 요약한 어거스틴은 잠시나마 자신 안의 다른 곳에서 하느님을 찾아보고 싶다는 생각을 한다. 심지어 '짐승들'도 어느 정도 기억력이 있기 때문이다. 그러나 여기서도 한 가지 의문이 생긴다. "내가 당신을 기억하고 있지 않다면 어떻게 내가 당신을 찾을 수 있겠습니까?" 이 문제는 제1권에서도 제기된 바 있다.

[27-37] 이 논리적 모순에 대한 어거스틴의 최초 반응은 제1권에서 제시한 답변("찾아라, 그러면 찾을 것이다.")과 조금 다르다. 비록 어떤 것이 우리 기억에서 사라졌더라도 계속 기억 속에서 찾아야 한다는 것이다. 기억의 조각이나 흔적이 존속되어서 우리가 하느님에 대한 지식을 '재조립'할 수 있듯이 기억의 깊은 곳에 산산이 흩어져 있는 조각들을 이용해서 다른 진실된 관념들을 재조립한다는 주장인 것 같다.

어거스틴은 행복한 삶(하느님을 이해하는 인생)의 추구에도 같은 질문을 적용한다. "모든 사람이 행복을 추구하지만 그것이 무엇인지 알고 있지 않다면 어떻게 찾을 수 있겠습니까?" "사람들은 어디서 그것을 보고 사랑하게 되었습니까?" 그는 아마도 우리가 한때 행복(성경에 의하면, 인간으로 전락하기 전까지는 지극히 행복한 삶을 영위했다는 인간의 공통 조상인 아담에 대한 언급)을 알고 있었다고 추정한다. 이런 원초적인 최고의 상태에 대한 기억 쯤은 있음직하다. 사람들이 추구하는 행복이란 것은 아주 보편적이기 때문이다.

사람들이 삶에서 추구하는 것이 지닌 가장 보편적인 특징은 기쁨인 것 같다. 어거스틴에 의하면, 진정한 최대의 기쁨은 하느님 안에 있는 기쁨이다. 하느님을 찾지 않는 사람들도 여전히 '(이) 진정한 기쁨의 형상으로 이끌리고 있다'. 그들의 의지는 이 기쁨을 찾으려 하고, 하느님 안에서 기쁨을 추구하지 못하는 것은 바로 의지가 없기 때문이다. 이런 견해 역시 신플라톤주의 철학에 근거한다. 사악함이나 하느님에서 멀어지는 태도는 하느님의 피조물에 결함이 있어서가 아니라 인간의 의지가 잘못된 길로 들어섰거나 무능해서 하느님의 완전성을 인식하지 못하기 때문이다.

어거스틴은 이런 주장을 사람들이 통상 행복한 삶에서 추구하는 기쁨은 '진리 속에 있는' 기쁨일 것이란 가정으로 더욱 뒷받침하고 있다. 따라서 우리가 행복한 삶을 추구하는 방법을 아는 것은 어떤 특정 기쁨보다는 '진리 자체'의 본질을 기억하기 때문이다.(플라톤 철학에서 기억은 한 인간의 삶을 초월한다.) 어거스틴은 진리를 추구하는 마음은 적어도 기쁨을 추구하는 마음만큼 보편적이라고 주장한다. 거짓에 농락당하고 싶어하는 사람은 없기 때문이라는 것.

그러나 영원한 진리에 관한 '기억'은 빈약하기 짝이 없다. 사람들은 흔히 자기 속에 있는 좀더 고귀한 진리 대신 세속적인 대상이나 육체 자체를 좋아하며, 바뀌려고 하지도 않는다. 바뀌면 거짓에 속고 있는 것을 시인하는 꼴이 되기 때문이다.

이 시점에서는 하느님을 알고자 하는 자신의 여정을

재차 점검하는데, 감각이나 감정으로도 하느님을 찾을 수 없고, 너무 변하기 쉬운 마음속으로도 마찬가지다. 그러나 하느님이 '나'의 기억 속에 이미 들어와 있지 않다면 어떻게 하느님을 찾을 수 있을까, 하고 다시 묻다가 마침내 하느님 자체를 알지 못해도 하느님을 찾을 수 있는 한 가지 특징을 알아낸다. 그리고 하느님은 그가 그때까지 찾고 있던 마음을 초월한다는 사실을 통해 하느님을 발견한다. 하느님은 그 마음의 모든 면 위에 있는 존재라는 것. 잠정적으로 하느님이 마음을 초월하는 존재라고 정의하면 하느님의 본질은 먼저 자기 마음을 아는 만큼만 알 수 있을 뿐이다. 따라서 하느님을 찾는 일은 내향적인 탐구가 된다.

[38-69] 어거스틴은 방금 터득한 하느님 찾는 방법을 놓고 다소 겸손한 태도를 취한다. "당신은 내 안에 계셨지만 나는 내 밖에서 당신을 찾고 있었습니다." 그리고 아직도 하느님에게 온전히 의존하지 못해 진정한 신앙의 삶과는 거리가 멀게 살고 있다고 고백하고, 그 사례들을 열거한다.

첫 번째 장애는 독신이지만 여전히 관능적인 영상에 시달리고 있다는 점이다. 특히 평소에는 이 같은 선정적인 영상을 쫓아버리곤 하는 이성이 육신이 잠든 밤이나 술에 취하면 유혹을 물리치지 못하고 그를 괴롭힌다. 또 살기 위해 필요한 음식도 '위험한 쾌락'을 유혹하는 요소이기 때문에 약처럼 먹으려고 안간힘을 쓴다. 냄새는 큰 장애라고 여기진 않아도 간략하게 언급한다.

소리도 잠재적으로 쾌락의 요소를 갖추고 있다는 점에서 위험하다.(하느님의 피조물이 간직한 아름다움을 즐기는 것 자체는 이 같은 '위험한' 감각적 현상과는 무관하지만, 반대로 하느님 자체를 도외시한 채 세속적인 사물에 지나치게 집착하는 것은 문제라고 지적한 점을 주목하자.) 소리와 관련해서 제기된 매우 난해한 문제는 교회에서 들을 수 있는 찬송에 관한 지적이다. 예배 참석자들에게 하느님을 찾도록 감동을 주는 찬송과 하느님의 말씀보다는 은밀하게 감정을 고무시키는 찬송 사이에 적절히 균형을 잡아야 한다는 것. 가사의 뜻보다는 노랫소리 자체에 더 감명을 받으면 슬퍼해야 할 죄를 짓는 것이란 견해다.

시각의 유혹도 경계적으로 다루고 있다. 빛은 자기가 다른 일에 골몰하여 의식하지 못할 때도 보이는 모든 것에 비추어 여러 가지 모양으로 유혹한다면서 "그러나 이것들이 내 영혼을 주관하지 못하게 하소서"라고 기도한다. 시각이 하느님을 인지하는 가장 감각적이고 은유적인 방법이라고 생각하면서도, 세속적 사물의 아름다움이란 문제(초기 작품인 〈아름다움과 알맞음에 관하여〉의 주제)를 간략하게 재언급하는 기회로 삼는 것. 세속적 아름다움에 집착하는 원인은 대체로 수단을 목적과 혼동하기 때문이다.(사물은 목적, 즉 사용가치에 비춰 사랑해야 한다.) 따라서 예술적 아름다움은 결코 '넘쳐서는' 안 되며, 예술의 도덕성을 주의 깊게 성찰하지 않은 채 예술 행위를 해서도 안 된다.

어거스틴은 남에게 칭찬을 받을 때 여전히 일종의 우월감이나 영광스런 기분을 느낀다고 시인하면서 최근에 겪었던 사건을 고백한다. 칭찬은 남들이 자기로부터 얻는 진정한 이익을 나타내는 한도 내에서만 기뻐해야 한다는 것을 잘 알고 있으면서도 이 문제에 관해서는 '올바른 판단력이 거의 없다'. (기억을 논의할 때 말한 대로) 자아는 하느님이 아니기 때문에 그것이 칭찬의 초점이 되어서는 안 된다고 지적하는 것.

결국 '(하느님) 안에서가 아니면 영혼의 안식처를 찾지 못한다'고 여긴 어거스틴은 사방에서 쏟아지는 죄악의 공격을 혼신의 힘을 다해 막아야 하며, 하느님이 자신에게 자비를 베풀어 주리라는 믿음을 가져야 한다고 생각한다.

제10권은 신플라톤주의 철학자들이 내세우는 하느님의 영상을 반박하는 말로 끝을 맺는다. 그것들은 그리스도가 안에 들어 있지 않은 일종의 이교도식 '마술'에 지나지 않기 때문에 진실된 성찰이 아니다. "그들은 순화되기 위하여 중보자를 찾았으나… 그들이 찾은 것은 광명의 천사로 가장한 악마였습니다."

Book 11

 와

기억의 본질을 성찰한 어거스틴은 모든 회고와 고백이 이루어질 수밖에 없는 시간 자체에 대한 성찰로 주의를 돌려 창세기와 천지 창조에 관한 문제들을 언급한 뒤, 하느님(영원함)과 하느님의 피조물(일시성에 갇힌 듯함)이 지닌 명백한 차이점을 설명하기 위해 탐구 영역을 확장한다. 그리고는 자기에게는 너무 난해한 문제라며 정신을 집중하게 해달라고 하느님께 계속 간구한다.(정신 집중은 최소한 두 가지 목적 달성에 도움이 되는 것 같다. 그가 철학을 하느님보다 우선시하는 것에 대한 비판의 강도를 누그러뜨리고, 독자들이 이 논쟁의 복잡성에 질리지 않도록 하는 것.)

[1-16] 어거스틴은 자신의 고백은 모두 시간순으로 정리되어야 한다며 다시 한 번 책에 담긴 철학적 · 종교적 · 자전적인 자료의 보편적인 논거, 즉 모든 것은 하느님을 찬양하기 위한 것이란 점을 상기시킨다.

서론(그리고 정당성 진술)에 이어 펼쳐지는 내용은 시

간의 시작 시점 및 이 '시작'과 하느님의 관계다. 바로잡아야 할 첫 번째 그릇된 인식은 하느님이 피조물들을 '만드셨다'는 창세기 구절에 대한 오해다. 어거스틴은 하느님이 하늘과 땅을 (마치 기술자처럼) 문자 그대로 창조하신 것은 아니라고 주장한다. 이 창조 행위가 이루어지기 전에는 아무것(우주 포함)도 존재할 수 없어야 하기 때문에 하느님은 실제로 이 우주 '안에서' 피조물들을 창조하신 것이 아니다.

하느님이 세상을 창조하신 방식에 관심을 돌리자 또다시 창세기가 혼란스럽다. "당신의 말씀으로 당신은 (천지를) 창조하셨습니다.… 그러면 당신은 어떻게 말씀하셨습니까?" 어거스틴은 앞에서 '창조하셨다'는 말을 해석할 때처럼 여기서도 창세기 말씀을 문자 그대로가 아니라 영적으로 해석해야 한다(주로 기독교 감독 암브로스의 가르침에서 배운 매우 중요한 접근법)는 점을 알려주고 있다.

하느님은 '말씀'으로 우주를 창조하셨지만, 이 말씀은 평범한 말이 아니다. 평범한 말은 연속적으로 이어진다. 모든 단어는 그 앞에 오는 단어와 그 뒤에 오는 단어의 일부인 것. 하느님이 창조하기 위해 하신 '말씀'은 그런 말이 아니다. 만약 그렇다면 하느님이 세상을 창조하시기 전에 이미 세상에는 시간이 존재하고 있어야 하기 때문이다. 하느님의 말씀은 (아직 존재하지도 않는) 시간 속에서 나왔을 리가 없으며, 다만 '영원히 말해졌음에' 틀림없다. 하느님 말씀에는 '생성'이 없으며 시간에 걸쳐 존재하지 않고 끊임없이 '말해지며' 영원히 변하지 않는다.

그러나 이 생각이 사실이라면, 그 창조가 어떻게 일시적일 수 있는가? 만일 하느님이 영원히 말해지는 '말씀'을 통해 세상을 창조했다면, 그 분이 창조하신 피조물들은 어떻게 순서를 이루어 창조될 수 있으며 끊임없이 변화될 수 있는가? 어거스틴은 이 문제에 대해 정확한 답을 제시하지 못하지만 일종의 전체론*적 판단을 해답으로 넌지시 암시한다. 사물은 변하지만 오로지 하느님의 총체적이고 변하지 않는 설계에 따라 변할 뿐이라는 것. "존재하기 시작하고 또 존재하기를 멈추는 모든 사물은 아무것도 시작하거나 끝나지 않는 영원한 이성 안에서 그것들이 시작하고 끝나는 것이 옳은 순간에 존재하기를 시작하거나 멈춥니다."

어거스틴은 '태초'란 말이 지닌 보다 깊은 의미에 주목한다. 하느님 자신(하느님의 '말씀'으로 살고 계시는 그리스도의 형태)은 '처음으로' 계셨다는 의미에서가 아니라 우리가 '되돌아갈 수 있는' '고정된 시점'이란 의미에서 '태초'(하느님은 영원하고 시간과 무관한 존재)이고, '말씀'은 그분이 모든 것의 근원이며 부동의 시점이란 의미에서 '최초'인 것이다. 그는 '태초'를 말씀(그리스도)이라고 해석함

---

* **전체론**: 전체는 부분의 기능의 총화가 아니라 각 부분을 결정하는 통일체라는 철학 이론.

으로써 비로소 피상적으로 보면 일시적인 의미를 나타내는 것 같은 창세기의 '태초'를 파악할 수 있게 된다.

이런 해석 방식은 그리스도('태초')를 '지혜'로 해석하는 데도 적용된다. 어거스틴(그리고 모든 기독교도들)에게 그리스도는 하느님의 지혜를 구할 수 있는 통로다. "바로 이 지혜가 '태초'가 되시며, 당신은 그 '태초' 안에서 천지를 창조하셨습니다." 이것 역시 창세기의 구절들을 심오하게 영적으로 해석한 견해다. 우리는 태초를 시간적 의미가 아니라 하느님이 세상을 '창조하신' 영원한 지혜(그리스도를 통해 도달)의 맥락에서만 논한다.

어거스틴은 이런 식의 창세기 해석으로 신플라톤주의 철학자 포르피리가 제기하는 비판에도 대응할 수 있었다. 포르피리는 하느님이 창조를 결심하는 순간이 있어야 하기 때문에 (본질적으로 변하지 않는) 하느님의 의지가 먼저 변해야 천지 창조가 가능하다고 주장했다.

이제 어거스틴은 그런 주장은 '창조'란 말의 영원하고 지속적인 의미를 이해하지 못해서 생기는 그릇된 인식이라고 반박할 수 있게 되었다. 하느님은 특정한 시점에 천지를 창조하신 것이 아니다. 하느님에게는 시간이란 개념이 '없기' 때문이다. 창조 행위는 순간적이기도 하고 영원하기도 하다. 시간은 피조된 세계에만 해당되는 특징이므로 하느님의 천지 창조 이전에는 존재할 수 없었다. "시간이 존재하지 않으므로 '그때'도 없었다." "당신이 모든 시간을 앞서 계신다고 우리가 말할 때 당신이 시간 안에서 시간을 앞서 계심을 의미하는 것은 아닙니다. 그렇지 않다면 당신은 사실상 시간을 앞서 계신 것이 아닙니다." 하느님은 모든 피조물의 영원한 근원으로 존재한다는 의미에서만 '첫째'이고, 세상을 창조하시기 전에는 아무 일도 '하고 계시지' 않았다. '이전에'라는 개념도 없었기 때문이다.

[17-41] 시간은 하느님과는 무관하다며 창조 행위의 일시성 문제를 풀었지만 우리가 살고 있는 곳인 그 창조물은 시간 속에 존재하는 것 같다고 말했던 어거스틴은 시간 자체를 성찰하기 시작한다. 그리고 아리스토텔레스의 견해를 좇아 모든 사람이 적어도 시간에 관한 질문을 받을 때까지는 시간의 실체를 안다고 생각하는 점에 주목한다.

시간을 규정하는 요소는 과거, 현재, 미래인 것 같다. 따라서 시간은 지나가는 사건들(과거), 현존하는 사건들(현재), 그리고 앞으로 펼쳐질 사건들(미래)에 의존한다. 여기서 암시하려는 요점은 만약 시간이 앞으로 일어날 일, 지금 머물러 있는 일, 지나가고 있는 일에 의해 정해진다면 비존재를 향한 흐름에 전적으로 의존하는 셈이 된다는 것이다. "시간이 비존재를 향해 흘러간다는 점 이외에 사실상 우리는 시간이 존재한다는 말을 전혀 할 수 없다."

이런 관념(그리고 이것과 논리적으로 모순되는 결과)

을 떨쳐버리지 못하는 어거스틴은 시간이 존재하지 않는다는 증거를 과거, 현재, 미래에 대한 장황한 논의로 강화하고 있다. 과거나 미래는 실질적으로 존재하지 않는다. 과거는 명확히 지금 잔존해 있지 않으며 미래도 마찬가지다.(과거와 미래가 있다면, 그것은 현재일 테니까.) 현재조차 꼭 짚어서 말하기 힘들다. 어거스틴은 현재를 년, 월, 일 등으로 분류하고, 궁극적으로 현재 자체도 진정한 의미에서 존재한다고 말할 수 없다고 결론짓는다. 현재는 당연히 '공간을 점유하지도 않고' '지속성도 없다'.(지속은 곧바로 과거와 미래가 되며, 존재하지 않는다.) 따라서 시간을 찾아보면 실제로 존재하지 않는다는 것을 알게 된다.

그럼에도 불구하고 모두들 시간에 대해 말하고 측정도 할 수 있는 것을 보면 시간은 어떤 존재의 의미를 갖고 있는 것 같다. 여기서 어거스틴이 내세울 최선책이란 시간은 기억과 예측의 구조를 통해 현재 속에서 존재할 수 있을 뿐이란 것이다. 과거는 현재에 존재하는 기억 속의 형상에 불과한 반면, 미래는 오직 현재에 존재하는 상징을 기반으로 한 예측에 의해 피상적인 존재를 느낄 뿐이다. 어거스틴은 시간이 '어디에' 존재하는가에 대한 이 같은 조건부 설명으로 과거, 현재, 미래라는 말의 일반적인 '사용'(우리가 사실상 지속성이 없는 현재의 순간만을 의미하는 것으로 이해한다는 전제 하에서)을 받아들이려 한다.

그러나 여전히 문제는 남는다. 우리가 시간을 측정할 수 있는 것 같기 때문이다. 그렇다면 실질적으로 지속성이 없고 (물론) 확장되지도 않는 무언가를 도대체 어떻게 측정할 수 있을까? 잠정적인 해답은 시간이 현재의 순간을 '지나쳐 갈' 때 측정하는 것 같다는 사실에 있을지 모른다.

그럼에도 불구하고 이 문제는 측정과 관련된 논리적 모순을 갖는다. 시간이 우리를 지나칠 때 측정할 수 있을지 모르지만, 무엇으로 측정한단 말인가? 현재의 순간만 존재한다고 가정하면, 지속되거나 확장되지 않는 무언가를 어떤 증수(增數)로 측정할 수 있단 말인가?

어거스틴은 세속적인 측정에 대해 다른 사람들이 제시하는 그럴듯한 설명들을 소개한 뒤 일축하는데, 특히 시간이 천체의 움직임으로 측정된다는 관념에 대해 신랄하다. 천체든 다른 물체든 모두 시간 '속에서' 움직이며, 그 자체가 시간을 결정하지는 않는다. 태양의 움직임이 하루를 규정할 수는 있겠지만 태양이 멈춰도 24시간은 흘러간다.

어거스틴은 시간은 길이가 없는 현재의 순간만 빼놓고는 결코 존재하지 않는다는 관념의 가면을 벗겼지만, 여전히 우리 모두에게 친숙한 '시간'을 설명하지 못하고 있다. 사실 앞으로도 충실한 답을 내놓지 못하겠지만 시간은 일종의 영혼의 '팽창'일지 모른다는 가설을 제시한다. 영원한 현재에 계속 남아 있을 수밖에 없는 영혼이 일시성으로 확장되고 겉으로는 사건의 연속이란 모습을 띤다는 것이다.

사실 이 관념은 시간을 '삶 밖으로의 확장'이라고 설명한 플로티누스의 철학에서 나왔지만, 어거스틴은 그 확장 내지는 팽창을 하느님으로부터 이탈하는 고통스러운 과정으로 본다. 하느님의 영원하고 통합되고 변치 않는 은총으로부터 벗어나 다양성과 일시성을 띠고 있는 창조된 세계로 진입하는 또 다른 형태란 것이다.

어거스틴은 시간은 외부 세계가 아니라 영혼 자체가 띠고 있는 속성이라며 이 관념을 간략히 확인한다. 우리는 시간을 이 세계가 지닌 어떤 속성으로 판단하는 것 같아도 실제로는 우리 기억 속의 무언가를 판단하는 것이다. 과거는 존재하지 않기 때문에 우리는 오로지 과거 시간들이 우리 안에 보유되고 있는 대로 그 형상들을 생각할 수 있을 뿐이다. 따라서 시간은 일종의 마음(또는 영혼) 자체의 속성, 어쩌면 일종의 '팽창'일지 모른다.

제11권은 일시적인 자신의 존재와 영원 속에 존재하는 하느님을 비교하면서 마무리된다. 시간의 본질을 추구하느라 머리가 너무 복잡해진 나머지 "나는 도저히 이해할 수 없는 질서인 이 시간 속에서 산산이 분열되어 있다". 반면, 하느님에게는 단지 모든 시간을 알고 말고 하는 문제(초인이 그러하듯)가 아니라 모든 시간을 단 하나의 시간을 초월하는 영원성에 통합하는 문제다.

Book 12

 와

제12권에서는 기억과 시간에 관해 자신이 정립한 관념을 빌어 창조론에 얽힌 문제들을 성찰한다. 주된 관심사는 언어의 사용에 초점을 맞춰 창세기의 정확한 의미에 관한 여러 의견을 제시하는 것이다. 어거스틴은 성경에는 하나 이상의 '진실된' 해석이 가능하다는 점을 받아들이는 한편, 여기에 붙는 주석의 한계를 간략히 설명하는 데 많은 시간을 투자한다. '하늘과 땅' 같은 표현과 연관된 소소한 설명 따위가 포함되어 있는 제12권에는 창세기에 대한 그의 해석이 상당 부분 반복되어 내용이 이전보다 혼란스럽고 복잡하며, 여기서 다루는 무형의 질료와 '하늘의 하늘'이란 개념에 관한 기본 설계의 중요한 부분이 담겨 있다.

[1-8] 어거스틴은 하느님의 창조 과정에 포함된 우선순위의 문제(제12권 뒷부분에서 약간 막연하게 '우선순위'를 규정)를 제기한다. 그의 해석에 따르면, 창세기는 초창기의 땅을 '보이지 않고, 체계화되어 있지 않은' 상태—유

동적이고 '형태가 없는 질료'—로 묘사하고, 나아가 최초의 '하늘'은 많은 별이 빛나는 창공이 아니라 '하늘의 하늘'—만물이 하느님에 가까운 순서대로 계층을 이루고 있는 하느님의 '집'—이라고 암시한다.

여기서는 어거스틴이 '태초에'란 구절을 이미 비(非)시간적인 의미(제11권)로 가정했다는 점을 기억하는 것이 중요하다. 태초는 하느님이 하늘과 땅을 창조하신 때가 아니라 영원불변의 지혜(그리스도의 본질)이고, 그 속에서 하늘과 땅을 창조하셨다는 것이다.

눈에 보이는 하늘과 땅은 하느님의 창조 과정에서 주된 것이 아니고, 하느님은 '가장 먼저'(반복되지만, '가장 먼저'는 결국 비(非)시간적인 의미) 완전한 '무형의 질료'를 만드시고 그것으로부터 유형의 물질적인 모습들을 지으셨다. 이 무형의 질료는 '눈에 보이지 않고 형상이 없는 땅'의 의미다.

이 무형의 질료는 사실상 무(無)에 준하는 질료이고, 신플라톤주의 철학의 존재 서열 가운데 하느님으로부터 가장 멀리 떨어진 최하층에 속한다. 무형의 질료라는 관념은 종종 이해하기가 어려운데, 그 정의 자체도 '알 수 없는' 물질 유형의 수수께끼 같은 성질을 의미한다. 눈에 보이는 실체를 중시했기 때문에 무형의 질료를 전혀 형태가 없다기보다는 끊임없이 변하는 다양하고 수많은 무시무시한 형상으로 상상했던 그는 이 같은 개념 혼란을 마니교 신학 탓으로 돌린다.

어거스틴은 무형의 질료는 자기가 거리낌 없이 '무(無)'라고 지칭할 수 있을 만큼 존재 가치가 너무 미약해 '없는 것이나 다름없는 무엇'이라고 다시 한 번 강조한다.

무형의 질료와 더불어 '하늘의 하늘' 역시 창조의 질서에서는 눈에 보이는 '하늘과 땅'에 우선한다. 하느님은 먼저 하늘의 하늘과 무형의 질료를 만드셨고, 그 다음에 그 무형의 질료를 사용해서 눈에 보이는 하늘과 땅을 만드셨다.

[9-16] 이 부분에서는 다시 한 번 하늘의 하늘, 하느님의 '집' 또는 '도시'란 개념을 공들여 다듬고 있다. 이 구절에 대한 그의 해석은 하느님 자체도 인간의 영혼도 아니지만 하느님의 영원한 계획 속에 들어 있는 창조된 질서인 '세계-영혼'을 인식했던 신플라톤주의 철학자 포르피리의 영향을 받았다. 어거스틴은 하늘의 하늘을 '이지적인 피조물', 즉 순전히 정신만으로 구성된 정적인 차원이라고 부른다. 비록 하느님과 '더불어 영원하지는' 않지만(하느님의 일부도 아니고 완벽성 면에서 하느님에 필적하지도 못함), 그럼에도 불구하고 하느님의 영원성에는 직접적이고 공개적으로 '참여'한다.(하느님에 대한 확고하고 직접적인 견해를 표현하는 언어는 부분적으로 오스티아에서 어머니와 함께 떠올렸던 환영을 상기시킨다.) 만약 무형의 질료가 거의 무

(無)에 가깝다면, 하늘의 하늘은 본질적인 의미에서 볼 때 거의 하느님이나 같다.

무형의 질료와 하늘의 하늘 역시 모두 하느님처럼 '반드시' 영원하지는 않을지언정 '시간의 밖에' 존재한다. 무형의 질료는 형태가 없기 때문에 무궁무진하고, 시간은 그 외의 다른 것들이 변하지 않는 한 그것들과 아무런 관련을 맺지 않는다. 무형의 질료는 형상이 없기 때문에 변할 수 없고, 변화가 없으면 시간도 없다.

반면, 하늘의 하늘은 변화, 나아가 어떤 시간적인 상호작용도 이루어지지 않는 일종의 절대적이고 극단적인 형태를 지닌다. 우리는 이것을 절대적으로 확고하고 완벽한 형태를 지닌 존재로 생각할 수도 있다. 형상이 있기 때문에 변할 수 있지만 하느님과의 근접성 때문에 그런 일은 벌어지지 않는다. "정해진 형태를 취하고 있기 때문에 비록 변히기는 쉬워도 (하느님의) 계획에 어떤 중단이 없으면… 어떤… 변화가 없으면 (하느님의) 영원성과 불변성이라는 확실한 기쁨을 누리게 된다."

여기서 어거스틴은 하늘의 하늘이 영원히 '계획하시는' 하느님이란 가정에 대해 덧붙여 설명한다. 하늘의 하늘은 아무런 장애 없이 하느님을 '알고 있다'. 이 경우, '이지적으로 안다는 것은… (하느님에게) 온전히 내맡김과 동시에 일어나는 사건'이다. 하느님과 이런 창조 영역의 관련성은 '한 순간에 일어난 한 가지 일과 다른 순간에 일어난 또 다른 일을 알 뿐'인 인간의 지식으로는 알 수가 없는 '시간적 연속성'의 개념이 배제된 지식, 시간의 영향을 받지 않는 일종의 순간적이고 보편적인 지식이다.

이 같은 설명과 함께 눈에 보이는 창조에 '선행하는' 창조의 두 가지 측면이 상술된다. 두 영역은 사실상 상충되지만 모두 본질적으로는 시간에 관계없이 무궁하고 시간으로부터 자유롭다는 점은 창세기에서 하느님이 '하늘과 땅'을 창조하신 뒤에 날(日) 수가 세어진다는 사실을 설명한다. 이 내용을 보면, 어거스틴은 최초의 창조를 묘사한 이 구절을 또 다시 '하늘의 하늘 및 무형의 질료'를 설명하는 부분으로 해석하고 있다.

[17-31] 제12권의 나머지는 주로 마니교 비판보다는 어거스틴의 비유적인 창세기 해석을 놓고 가해지는 기독교의 비판에 대한 반박으로 채워져 있는데, 모세가 그런 고상한 해석을 예상하지도 원하지도 않았다는 주장을 가장 우려한다. 일부 비판자들은 모세는 그저 자기 말이 그대로 받아들여지기를 원했으며 우리는 '태초'와 '하늘의 하늘' 같은 구절을 문자 그대로 해석해야 한다고 역설하지만, 어거스틴은 자신의 영적인 해석과 관련하여 일부 기본적인 측면의 정당성과 불가피성을 옹호한 뒤 모세가 당시 무슨 생각을 했는지는 아무도 모른다고 반박한다.

　이어서 하느님의 불변성과 영원성을 좀더 확실하게 뒷받침하는 주장이 펼쳐진다. 하느님의 속성은 '결코 시간이 다르다고 변하지 않을 것'이며, '그 분의 의지는 그 분의 속성과 동떨어져 있지 않다'. 이 같은 상호 교환성은 하느님이 '내면의 귀에' 대고 말씀하신 본질적인 진리다. 창세기에 담긴 문자 그대로의 의미는 서로 다른 시점에 하느님이 내리신 결정을 보여주기 때문에 가장 심오하고 가장 진실할 수가 없다. 그보다는 '처음이자 마지막이면서 동시에 (하느님은) 모든 것을 당신이 의지하시는 대로 만드신 것'이다.

　어거스틴은 자신의 창세기 해석을 계속 옹호하면서, '지혜는 모든 것에 앞서서 창조되었다'는 성경 구절로 주의를 돌린다. 앞에서는 '지혜(모든 것이 그 안에서 창조됨)'를 창세기의 '태초'와 관련한 '말씀'에 연계시켰기 때문에 이제 '지혜' 자체가 창조물이라는 이 구절의 암시를 처리해야 하는데, 이처럼 특별한 경우의 '지혜'는 하늘의 하늘, 하느님의 순수한 계획 속에 들어 있으면서도 하느님의 피조물인 존재의 질서를 의미한다는 주장으로 해결한다. 하늘의 하늘은 '하나의 지적인 개념으로 빛의 묵상에서 나온 빛'이요, '존재 그 자체'는 아니지만 그것에 가장 가깝다. 이런 가정들을 바탕으로 생각하면, '지혜'는 창세기의 첫 줄에 표현된 대로 피조물이 될 수도 있고 창조 행위가 일어나는 영원한 성스러움이 될 수도 있다.

하늘의 하늘이란 개념을 재추적한 어거스틴은 '하늘과 땅'과 관련하여 제시될 수 있는 모든 대안적 해석을 소개한 뒤 난해한 주석을 달고 있다. '(형상을 지닌) 하늘의 하늘과 무형의 질료'의 개념이 포함된 해석을 과감히 시도하지만, '무형의 영적인 피조물과 무형의 물리적 피조물'로부터 단순한 '무형의 질료와 그것의 산물('하늘, 즉 별이 빛나는 천공'으로 변하는 하나의 산물)'이 되는 무엇으로 해석될 수도 있다. 여기에 열거된 다양한 해석들은 그 해석자가 정직하게 진리를 추구하는 한, 진실된 해석이 하나뿐인 것은 아니라는 어거스틴의 결론을 뒷받침하는 수단 또는 증거의 역할을 한다.

그럼에도 불구하고 진실된 해석이 단 하나만 존재한다는 가능성을 논박한 어거스틴은 재빨리 모든 해석에서 요구되는 것으로 보이는 10가지 '원칙들'을 제시하는데, 창세기에 관한 주요 가설의 요약으로 손색이 없다. 1) 하느님은 하늘과 땅을 창조하셨다. 2) '태초'는 하느님의 지혜를 가리킨다. 3) '하늘과 땅'은 하느님이 '만드시고 창조하신 삼라만상'(어거스틴에게는 하늘의 하늘과 무형의 물질을 의미)의 이름이다. 4) 변화성은 변할 가능성이 있다는 의미에서 '일종의 무형성'을 암시한다. 5) 형상이 없고 따라서 변함없이 존재할 정도로 철저히 변할 수 있는 것(무형의 질료의 경우)은 시간의 지배를 받지 않는다. 6) 전혀 형상이 없는 것은 시간의 연속성을 겪지 않는다.(기본적으로 5번과 같은 의미) 7) 때때로 질료는 그것으로부터 만들어진 사물의 이름을 취한다.(어거스틴이 '하늘과 땅'을 '하늘의 하늘과 무형의 질료'로 해석하는 예) 8) 창세기의 '땅과 심연(深淵)'은 거의 완벽하게 무형의 성질을 지닌 유형의 대상을 가리킨다. 9) 하느님은 형태를 받아들일 수 있는 모든 것뿐만 아니라 형태를 지닌 모든 것도 만드셨다. 10) '형태를 얻는' 사물들도 애초에는 무형이다. 어거스틴은 이처럼 번호를 매기지 않고, 다만 나열 형식으로 제공한다.

이어서 창조 이야기에 관한 7가지 해석을 간략히 제시하는데, 대부분은 자신의 해석과 흡사하고 하느님이 가장 먼저 만든 것에 대한 부분만 다르다. 최초로 창조된 것들은 형태 없는 사물들뿐이고 그것들이 물리적 세계로 변했다는 해석이 있는가 하면, 상이한 두 영역의 존재 가능성을 제시하는 해석이니 두 개의 하위 영역이 내재된 하나의 영역을 가정하는 해석들도 있다. 어거스틴은 하느님이 '이미 존재하던' 무형의 질료로 하늘과 땅을 만들었다는 이야기가 담긴 해석을 꼬집어 비난한다. 이런 견해에는 하느님이 만들지 않은 무언가가 있다는 뜻이 내포되어 있기 때문에 도저히 지지할 수 없다는 것이다. 그는 하느님이 실제로는 이 무형의 질료를 만드셨으나 그 행위는 창세기에 언급되지 않았다는 답변을 제시한다.

[32-37] 뒤이어 어거스틴은 그 글귀의 의미를 둘러싼 가장 보편적인 이견을 두 개의 기본적인 토론 분야로 나눈다. 하나는 '문제시되고 있는 물체의 진실'에 관한 논의를 위해 준비된 것이고, 두 번째 범주는 '창세기 필자의 의도'에 초점을 맞추고 있다. 전자의 경우, 논란의 여지가 별로 없다. 창세기에 관한 본질적이고 기본적인 진실은 명백한 하느님의 불변의 진리이며, 모든 분파들은 이 유일한 진리에서 정당성을 찾아야 한다. 후자의 경우, 창세기를 읽는 사람들은 모세가 의도했던 뜻과 그 의도를 표현하기 위해 사용한 말을 놓고 이런저런 주장을 펼치지만 어느 누구도 모세가 어떤 동기로 글을 썼는지 알 수 없기 때문에 다양한 해석과 그에 따른 의견 불일치가 생길 수 있다. 그러나 바로 이런 연유에서 모세의 저술 의도를 추측하는 일은 다소 쓸데없는 짓이 된다. 그렇게 하면 그가 '적절하게 표현한' 보다 심오한 진리들을 무시하는 셈이 되기 때문이다. 어떤 글을 쓰고자 원했든 모세는 마음에서 하느님의 진리를 보고 그 의미를 가장 훌륭하게 전할 수 있는 글을 만들었다는 것이다.

어거스틴은 모세의 애초 의도가 지나치게 자부심이 강하고 오만하다는 것을 알고 있다고 주장하는 사람들이 모두 그 글에 담긴 진리보다는 자신들의 의견을 더 소중히 여긴다며 비웃는다. 창세기에 표현된 진리는 경건한 신앙심과 이성을 실천하는 모든 사람들에게 개방되어 있기 때문에 그 누구도 독점할 수 없다. 그리고 사람들이 개수(個數)와 관계없이 해석들 안에서 진리를 본다면, 하느님 안에서 실제로 진리를 보고 있는 것이다.

성경이 기본적이고 쉽게 이해되는 언어로 쓰여 있어 다채로운 '진정한' 해석(이를테면, 진리에 대한 다양하고 상이한 견해)이 많이 나올 수밖에 없다는 것이 어거스틴의 판단이다. 그래야 가장 광범위한 독자들에게 다가갈 수 있기 때문이다. 사람들은 비록 문자 그대로의 이야기—시간을 두고 숱한 사물들을 만든 위대한 신에 대한 이야기—에 감명을 받지만, 하느님을 우주의 창조자로서 믿는 길을 향해 한 걸음 다가간다는 점에서 '진정한' 해석이 된다. 어거스틴은 모든 피조물은 아무리 미천하더라도 하느님에게 돌아가고 싶어한다는 신플라톤주의적 개념을 상기시킴으로써 그 견해를 정당화한다. "이것은 각 존재에 부여된 능력에 따라 만물의 근원이신 당신(하느님)에게로 돌아갑니다."

[38-43] 어거스틴은 다양한 해석의 가능성을 인정하는 입장과 해석 원칙을 고수해야 한다는 입장 사이에서 오락가락하다가 결국 자신이 천지창조의 우선순위에 관한 보편적 실수라고 보는 견해에 반대하는 쪽으로 돌아선다. 하느님의 존재는 하느님의 뜻과 같고, 따라서 세상을 창조하실 때 새롭게 '뜻을 세울' 필요가 없었다는 점을 다시 강조하는 것. 창조 이전에는 '이전'도 없었다. 하느님이 만물

을 문자 그대로 '가장 먼저' 만들었다고 말하는 것은 이치
에 맞지 않는다. 하느님에게는 '이전' 혹은 '이후'에 창조할
것이 남아 있지 않았을 것이기 때문이다. 어거스틴은 '가장
먼저'라는 말의 적절한 의미를 명확히 밝히기 위해 아리스
토텔레스의 〈십 범주〉에서 제시된 5개 유형의 우선순위 가
운데 세 가지—시간의 우선순위, 선택의 우선순위, 근원의
우선순위—를 다시 소개하고, 네 번째 유형으로 자신이 정
한 영원성의 우선을 덧붙인다.

영원성의 우선순위는 하느님이 모든 것에 우선한다는
뜻이다. 이를테면, 그 외의 모든 것은 하느님보다 시간상 좁
은 간격을 두고 연결되어 있다. 하느님은 그것들보다 훨씬
멀리 떨어져 완전히 구별되기 때문이다. 시간의 우선순위—
꽃이 열매를 앞선다는 의미—와 선택의 우선순위—열매(의
가치)가 꽃을 앞선다는 의미—는 말 그대로의 뜻이다. 근
원의 우선순위는 훨씬 이해하기 어렵고, 어거스틴이 창세
기에 적용하고 싶어하는 유형이다. 예를 들어, 소리의 근원
은 노래에 우선하지만 목수가 (시간상 이미 존재하는) 나무
로 의자를 만들듯이 노래가 소리를 가지고 만들었기 때문
이 아니라 노래는 매순간 소리로부터 만들어지기 때문이다.
노래는 소리에 남아 있으며, 노래가 있으려면 반드시 소리
가 있어야 한다. 그러나 그 반대는 성립되지 않는다. 소리는
노래를 존재하게 만드는 본질적이고 가장 기본적인 요소인

것이다.

　어거스틴은 무형의 질료와 눈에 보이는 하늘과 땅 사이의 관계는 소리와 그 소리에 대응해서 공존하는 노래의 예와 유사한 근원의 우선순위에 바탕을 두고 있다고 주장한다. 무형의 질료는 형상을 갖춘 것보다 시간적으로는 아니지만 근원에서는 우선했다. 눈에 보이는 피조물들이 무형의 질료로 만들어지고 그 무형의 질료가 없어진 것이 아니라 피조물들이 무형의 질료의 일부로서 전체적으로 훨씬 역동적이고 상호 의존적인 관계를 맺고 있는 것.

　이 논의를 매듭지은 어거스틴은 모세의 저작 의도에 대해 지나치게 깊이 생각할 필요는 없다면서 제12권을 마친다. 만약 모세가 지녔던 특정의 사고 과정에 대해 확실히 이해하고자 고집하는 사람이 있다면 모세는 모든 가능한 '참된' 해석을 염두에 두고 있었다는 가정으로 그 같은 호기심을 만족시켜야 할 것이다.

Book 13

 와

마지막 권에서는 모든 피조물은 하느님에게 돌아가려는 욕망에 사로잡혀 있다는 관념을 더욱 굳히기 위한 노력으로 창세기를 심도 있게 해석하는데, 신플라톤주의 세계관을 기독교 세계관과 융합하여 강력한 속죄 이론을 만들려는 가장 직접적인 노력이기도 하다. 제13권이 심오한 철학적 의미를 담고 있지만, 내용상으로는 어쩌면 다른 권(심지어 제12권보다)보다 더 많이 창세기 어구의 주석에 의존하고 있다. 여기서 탐구하는 각각의 주요 주제는 성서 속의 말이나 구절에 동일한 맥락으로 연관되어 있다. 어거스틴은 단 하나의 성서 구절에도 여러 쪽에 걸쳐 핵심 주장과 반대 주장이 나올 수 있는 해석 기법을 채용하고 있기 때문에 오늘날 독자들은 다소 따분하게 여길 수 있다. 일부 성서 구절을 이용해서 은유적인 해석, 종교 재판, 그리고 '생육하고 번성하라'는 성서의 명령 등과 관련된 문제들뿐만 아니라 아버지, 아들, 성령(넓게 각각 존재, 지식, 의지 또는 본질, 정신, 삶을 상징)으로 이루어진 삼위일체로서의 하느님의 관념도 탐구하려고 시도하는 것.

[1-20] 어거스틴은 신플라톤주의 철학이 내세우는 창조론을 다시 한 번 상기시킨다. 그 창조론에 따르면, 존재의 각 단계는 그 위계질서에서 자기 아래 있는 것보다 큰 선(善)을 나타낸다.(이런 식으로 죽 내려가면 '무(無)'에 이른다.) 그 선은 하나님 안에서의 선이기 때문에 각 사물 안의 선은 그 사물에게 다시 하나님께 되돌아가라고 명한다.

어거스틴이 인용하는 첫 번째 창세기 구절은 "빛이 있으라 하시니 빛이 있으니라"이다. 앞에서도 살펴봤듯, 어거스틴은 창조 이야기를 여러 창조 행위의 연대기적 연속이 아니라 피창조물의 우선순위를 고려한 행위로 해석한다.(제12권 참고) 따라서 '어떤 순서(즉, 어떤 단계)'의 피조물이 '빛'을 나타내는가에 대해 몹시 신경을 쓰고 있는데, 그가 제시하는 답은 영적인 피조물, 즉 영혼이다. 영혼과 하느님의 유사성으로 인해 부분적이나마 빛을 발하고 있다는 의미에서 바로 이런 영혼이 '빛'이라고 암시하는 것. 그러나 영혼은 여전히 온전히 빛을 발할 수 있도록 노력해야 한다.

이런 성찰을 바탕으로 어거스틴은 제13권의 핵심 주제(그리고 이론의 여지는 있지만 〈고백록〉 전체의 주제)인 피조물의 하느님으로의 회귀를 잠시 다룬다. "당신은 그 피조물로 인해 더 즐거워지는 것은 아닙니다. 어떻게 불완전한 피조물이 완전하신 당신을 즐겁게 해드릴 수 있겠습니까? 그러나 당신은 완성된 피조물을 보시고는 기뻐하셨을 것입니다." 하느님은 이미 완전하기 때문에 이 피조물을 만든 것은 자신에게 무엇이 부족해서가 아니란 점을 조심스레 지적하는 것. 여기서는 하느님이 방황하는 자신의 피조물 때문에 즐겁지 아니했을지 모른다는 말의 의미를 밝히지 않고, 피조물들이 하느님께 회귀하도록 재촉하는 것이 정확히 무엇인지에 대해서도 의도적으로 모호하게 설명하고 있다. "피조물은 자기를 창조하신 하느님에게 아직 돌아가지 않았다." 우리는 하느님에게 회귀하고자 하는 충동을 신플라톤주의 철학 체계의 본질적인 특징으로 생각할지 모른다. 그 이론에 따르면, 하느님은 완벽하고(따라서 평온하시다), 하느님 밑에 있는 모든 사물은 하느님을 찾을 때까지는 불완전한 상태에 놓인다.(따라서 불안하다) 그럼에도 불구하고 모든 존재(피조물)는 지금 얼마나 불완전하든 상관없이 하느님 안에 있는 존재란 의미에서 보면 '완전하다'고 말할 수도 있다. 제13권은 어떻게 이런 논리가 가능한지를 설명하기 위해 집요하게 애쓰고 있다.

어거스틴이 '빛이 있느니라' 부분에서 해석한 영적 피조물은 성령의 단계에서 삼위일체(아버지, 아들, 성령)에 딱 들어맞는다고 말하지만, 창세기에서 그 근거를 찾으려면 약간 교묘한 해석이 요구된다. 하느님(창조하신 아버지)

과 그리스도(그가 창조하신 아들. 제11권 참고)에 대해 이미 설명했으나 '성령'은 '수면 위를 운행하신' 한 피조물을 지칭하는 창세기의 구절에서만 읽고, 피조물의 세속적이고 물질적인 측면 위에 운행하시는 '성령'을 가리키는 말로 해석하는 것.

이 대목에서 주제와는 다소 동떨어진 문학적 주석 자체에 대한 우려가 제기된다. 어거스틴은 창세기가 왜 성령이 '수면 위를 운행하는' 피조물을 가리키는지 묻고 있다. 그에 대한 해석과 설명이 가능하려면, 성령이 성경에서 무형의 질료(무형의 질료와 하늘의 하늘의 최초의 창조를 설명한 부분. 제12권 참고)가 (하느님이 아니라) 피조물의 일부일 뿐 아니라 무형의 질료에 부수적으로 따르는 피조물의 일부임을 암시하는 부분 '다음'에 언급되어야 한다. 이같은 주석상의 문제에 대해서는 성경의 언어는 고도로 '상징적이고', 창조에 대해 사실적인 설명을 제공할 뿐 아니라 인간의 경험과 이해 수준도 감안하고 있다는 점을 다시 한번 상기시킴으로써 답변을 대신한다. 따라서 성령이 '수면 위를 운행하는' 피조물이란 설명은 '우리의 정신이 우리의 죄악(물) 위로 '솟아오르는' 경험에서 비롯된 표현을 빌려온 것이다. 여기서 우리는 또 다시 영혼이 하느님께 회귀해야 한다는 이 책의 주제를 뒷받침하는 주장이 일관되게 내세워지고 있다는 점을 주목해야 한다.

창세기 해석이 '상징적'임에도 불구하고, 어거스틴은 더 나아가 성령을 가변적인 피조물의 한 형태로 오해하지 않도록 해명하고 있다. '당신의 영(성령)이 수면 위에 운행하시니라'를 성령은 하느님의 빛을 받은 존재요, 그것이 없었다면 '하늘의 하늘은 어두운 심연이 되었을 것'이란 의미로 해석하는 것. 따라서 성령은 지금 있는 것처럼 변치 않는 하늘의 하늘(존재의 서열에서 하느님에게 가장 근접해 있는 것)이다. 따라서 '수면 위에 운행하시는 것'이란 말은 '변하는 모든 것 위에 존재하는 불변의 신의 초월성'이란 맥락에서 보면 성령을 가리킨다.

삼위일체에 대한 설명이 이어지면서 많은 부분을 할애하여 존재가 삼위일체 자체라는 의미를 모색하고 있다. 이 경우 세 개의 측면은 존재, 지식, 의지인데, 이중적인 의미가 있다는 점을 명심해야 한다. 어거스틴은 인간과 하느님의 구조적인 유사성(나아가 하느님에의 회귀라는 주제), 그리고 하느님이 나누어질 수 없는 하나의 전체이면서 동시에 어떻게 서로 다른 세 가지 측면에 존재할 수 있는지를 구체적으로 설명하고 있다. "나는 존재하고 나는 알며 나는 의욕한다. 나는 나의 존재를 알고 나의 존재를 의욕하면서 내가 존재하고 존재하리란 것을 안다. 나는 존재할 것이고 나는 안다." 그렇다면 이런 자아의 세 가지 측면은 삼위일체처럼 '분리될 수 없지만 서로 다른 것'이며, '하나의 삶,

하나의 정신, 하나의 본질'을 구성한다. 그러나 이 같은 비유를 한 뒤, 은유적 해석일 뿐이기 때문에 자아에 대한 관념이 실제 삼위일체와 어떤 관계인지를 자세히 아는 사람은 없다고 조심스럽게 지적한다.

하느님만이 그런 은유적 이해를 바꿀 수 있고 직접 파악할 수 있다. 창세기 집필자들도 '책과 같은', 또는 '가죽처럼' 등의 은유법을 써서 천계(天界)를 설명하는 미약한 인간에 불과하다. 하느님만이 변치 않기 때문에 (삼위일체론에 따르면) '당신만이 (오로지) 변치 않고 존재하시며, 변치 않고 알고 계시며, 변치 않고 뜻하시리라.' 어거스틴은 하느님에 대한 자아의 삼위일체론을 은연중에 적용하고, "당신의 의지는 변치 않고 존재하며, 변치 않고 알고 계시다"처럼 단순히 불변성을 첨가함으로써 비슷하게 해석한다.

[21-42] 어거스틴은 창세기 말씀을 성찰함과 동시에 해서을 이어가며 '과실'과 '수확' 같은 풍요로움을 나타내는 말을 우리가 하느님을 생각하는 더 큰 선에 근접하기 위해 '자비로운 일'을 해야 한다는 훈계로 해석하고, 이런 맥락에서 성령은 사람들에게 저마다 다른 능력을 주셨다고 지적한다. 그리스도는 '완벽한 사람들'(그의 제자들을 의미하는 듯) 속에서' 완벽한 지혜를 말했지만, 그에 비하면 나머지 평범한 사람들은 '갓난아기'나 다름없다. 우리는 하느님 말씀을 '기호들'(상징들)과 수수께끼를 통해 이해하지

않으면 안 되는데, 이것들과 완벽한 지혜의 관계는 달 또는 별과 태양의 관계와 같다. 이 부분에서는 '완벽하지만 아직 천사가 되지 못한 자들의 빛'과 '갓난아기지만 약간의 희망이 없지 않은 자들의 어둠'을 언급하고 있는데, 암묵적인 의미 역시 우리 모두는 하느님을 향해 나아가도록 되어 있으며, 그럴 가능성이 없는 사람은 없다는 것이다.

이 대목에서는 성서 주석에 대해 검토한 내용을 모든 피조물은 자신들의 상대적인 능력에 따라 하느님 쪽으로 이끌린다는 자신의 신념에 훨씬 가깝게 끌어다 붙이기 시작한다. 인간들은 약간의 기본적인 지침이 없으면 하느님의 뜻을 직접 이해할 능력이 없기 때문에 상징들이 필요하다고 다시 한 번 강조하는 것. 비록 상징들은 다양하고 변화무쌍한 물리적 사물들을 다루고 있지만, 여러 위계질서로 나뉘어 있는 우리 피조물들이 하느님의 유일하고 변치 않는 진리에 도달할 수 있는 중요한 수단이다.

이처럼 상징을 통해 깨달음을 얻는다는 생각은 인간들이 이 땅에서 어떤 심판의 권력을 행사할 수 있는지에 대한 논의로 이어진다. 여기서는 인간에게 지구와 지구 위의 생물을 다스리는 권력을 부여한 창세기의 구절이 또다시 언급된다. 사물에 대한 심판은 우리가 '하느님이라는 성령의 뜻에 부합된다'고 인식하는 지적인 행위에 의해 진행되어야 한다. 다시 말해, 올바른 심판은 항상 '영적인 심판'이다.

따라서 교회의 모든 구성원들은 그런 판단을 내릴 능력이 있다.(어거스틴은 '영적인 성은 없다'며, 남녀를 똑같이 취급) 인간의 판단에서 배제되는 대상은 하느님과 하느님 같은 다른 사람들이다.(누가 진정 나중에 하늘에 오를지 아무도 미리 알 수 없기 때문) 창세기에는 하늘, 천계, 또는 '물'(이 책에서는 아마도 사악한 자들이 사는 천박한 세계를 뜻하는 듯)에 대한 지배권을 인간에게 부여한다는 말이 없다.

어거스틴은 상징과 판단에 대한 해석을 종교가 기능을 발휘하는 수단으로 쓰는 사물의 많고 다양한 속성에 대한 복잡한 설명으로 활용하고 있다. 이런 일련의 사물들(이 책에서 인용하는 성서와 교회라는 조직이 쓰는 물품들도 포함)을 옹호해야 하는 가장 큰 이유는 〈고백록〉의 상당 부분이 이미 다양한 물질로 이루어진 천박하고 사악한 세계를 격리하는 데 할애되었기 때문이다. 그러나 그런 물질들도 여전히 하느님 아에 존재하고 있으며, 따라서 어떤 의미에서는 그것들도 하느님을 향해 나아가야 한다. 어거스틴의 주장처럼 인간은 한정된 이해력과 판단력 때문에 '해석, 상황 설명, 강연, 논쟁, (그리고) 축복과 기도문의 형태'에 의존할 수밖에 없다. 요컨대, 인간은 하느님에게 회귀하는 과정에서도 물리적인 상징들에 의존할 수밖에 없는 것이다. 어거스틴은 인간과 동물 영역에서 이루어지는 생명의 번창에 관한 창세기의 구절을 통해 이런 물리적 상징들의 복잡성을 찬양하는 절묘한 방법을 발견했다. 그에게 '새'는 상징을 나타내며, '생육하고 번성하라'는 하느님의 명령은 '육체적인 수준'에서 '수없이 많은 성사(聖事)와 헤아릴 수 없이 많은 언어'로 표현된 하느님에 대한 사랑을 의미한다. 풍요로운 상징들과 각 상징에 담길 수 있는 많은 의미들은 그 자체가 '풍요롭다'.

회귀와 해석(또는 성서에 대한 해석을 받아 적는 행위)이란 주제는 이 부분에서 서로 밀접하게 연관되어 있지만, 우리가 하느님께 돌아가는 데 필요한 지식과 판단력은 다양한 상징들을 해석해야(따라서 어느 정도 물질세계도 최소한의 일부는 다루어야) 제 기능을 발휘할 수 있다. 이 같은 인간의 능력들은 하느님으로의 회귀에 영향을 미칠 때조차 (적어도 은유적 의미에서) 하느님의 본성을 반영한다. 어거스틴은 창세기 안에서 이 모든 것을 해석할 수 있으며, 따라서 동시에 주석을 달고, 그것의 의미를 설명하고 옹호한다. 그 해석은 하느님으로의 회귀를 설명하는 수단이 되고, 회귀는 어거스틴 자신의 해석을 핵심 사례로 삼아 해석(즉 상징을 판단하는 작업)에 의존하는 과정이 된다.

여기서는 신플라톤주의적 기독교 세계관의 통합적인 측면을 상기시킴으로써 자신의 성찰을 마무리하고 있다. 창세기에서 하느님은 당신이 수행하신 최초 7일간의 창조 작업에 대해 각각 '좋았더라'고 말씀하셨다. 8일째 되던 날은 만드신 모든 것을 전체로 보시고 '심히 좋았더라'고 말씀하셨다. 따라서 창조된 전체의 모습은 개별적인 것들보다 한층 더 아름답다. 마니교 신도들은 하느님 안에서 이루어진 이 모든 초월적인 통합을 보지 못하기 때문에 '정신 나간 자들'이다. "그들은 당신이 만드신 피조물을 당신의 영을 통하여 보지 않을 뿐더러 피조물을 통하여 창조자를 시인하지도 않기 때문입니다." 사람들이 그런 인식을 경험할 때는 하느님이 '피조물들에게서 그것을 보시는' 문제지만, 우리가 피창조물에서 하느님을 볼 때는 정말 하느님이 자신의 피조물의 선함을 보시는 것이다. 따라서 하느님에게, 그리고 피조물들이 하느님에게 돌아가는 과정에서, 모든 피조물은 매우 긴밀하게 통합된다. "당신의 피조물들이 당신을 찬양함은 우리로 하여금 당신을 사랑하게 하기 위함이요, 우리가 당신을 사랑함은 당신의 피조물로 하여금 당신을 찬양하게 하기 위함입니다." 이것이 진정한 신플라톤주의 세계관에 성령의 역할이 융합된 구조라고 할 수 있다. 즉, 모든 피조물들의 위치를 규정하는 선함의 정도 차이가 있을 뿐만 아니라, 성령 덕분에 이 선함이 그 자체로 존재하는 가치이며, 모든 선은 하느님 안에 있고 하느님께 다가가기 위해 노력한다는 점도 알 수 있다.

　　이처럼 어거스틴은 하느님의 창조 노력에 담긴 최종 목적을 설명함으로써 〈고백록〉을 마무리한다. 하느님의 변치 않는 영원성 앞에서 시간과 혼동이 사라지고, 하느님 안에서 안식하는 것. 하느님은 시간 밖에 존재한다. 하느님의 행동에 의해 우리는 '시간 안에서 사물을 보고 시간 자체를 본다'. 어거스틴이 청소년기에 저질렀던 맹목적인 죄악들에서부터 기억에 대한 수수께끼, 창세기의 상징에 대한 난해한 다양성 등, 우리에게 펼쳐 보인 뒤죽박죽이 된 실존의 모습은 그것 자체의 혼동과 불안한 불완전성 때문에 우리를 하느님의 영원한 완전성을 향해 회귀하는 길로 이끌어준다. 따라서 이 글은 한 인간이 하느님에게 그렇게 돌아가는 여정을 기록한 것이라고 할 수 있으며, 그런 회귀의 길을 안내하는 지침서일 뿐만 아니라 글로 적은 그 여정의 사례이기도 하다. 〈고백록〉만큼 반복해서 읽히는 책은 드물다. 부분적으로는 감춰져 있지만 모든 단계와 요소에 절대적으로 퍼져 있는 통합성 때문이다. 창조론 자체의 넓고 다양한 파급처럼 이 글은 각 부분의 총합보다 훨씬 더 아름답게 만들어주는 하느님 안에서의 통합성을 발견하고 있다.

Review

다음 질문에 대해 간단히 서술하시오.(—부분은 참고만 할 것)

1. 어거스틴은 제1권에서 하느님에게 "내 안에 와주시옵소서"라고 요청하는 행위에 관련된 문제들을 숙고한다. (적어도 이 말을 글자 그대로 받아들였을 때) 하느님의 어떤 속성 때문에 이런 요청이 가능해지는가?

    — 하느님에게 "내 안에 와주시옵소서"라는 요청과 관련된 두 가지 주된 문제는 하느님 자신의 무한한 속성과 만물의 근원인 하느님의 현존이다. 모든 피조물을 초월하시는 하느님께 어떻게 자기 안으로 들어오라고 요청할 수 있느냐는 것. 무한한 존재이신 하느님이 당신이 창조하신 유한한 세계 속에 들어갈 수 있는가? 마찬가지로 하느님이 자기 존재의 근원으로서 이미 자기 '안에' 들어와 있는데 어떻게 또 들어오시라고 요청할 수 있는가? 어거스틴은 단순히 인간이 하느님을 열심히 간구하면 발견할 수 있다는 자신의 믿음을 표명하는 것으로 골치 아픈 이 문제를 잠시 제쳐 놓는다.

2. 영혼이 어떻게 육체와 결합해서 아기가 태어나는지에 대한 어거스틴의 견해는?

    — 어거스틴은 자신의 유아기에 대한 설명뿐만 아니라 이 책의 전편을 통해서도 답변을 회피하고 있다. 이 수수께끼에

대해 플라톤 역시 애매한 태도를 취했는데, 플라톤 철학의 우유부단함을 보여주는 두드러지는 예다. 이 문제는 탄생 이전의 영혼의 상태를 규명하는 문제와도 밀접하게 관련되어 있다. 영혼은 영원하지만, 인간의 육체 '안에' 있지 않을 때는 어떤 형상을 취하는지 불분명하다.(이 책과 플라톤의 저서 모두 마찬가지)

3. 어거스틴이 어린 시절에 받은 교육 가운데 좋지 않았다고 생각하는 것은? 그 이유는?

4. 어린 시절 어거스틴의 종교적 지위는?

5. 어거스틴은 허구적인 문학 작품을 읽는 행위를 어떻게 생각하는가?

6. 어거스틴은 유아기에 지은 죄를 어떻게 해명하고 있는가? 학창 시절에 지은 죄에 대해서는?

7. 어거스틴이 십대 때 관능의 세계에 탐닉하게 된 근본적인 원인은?

— 어거스틴은 이 시절의 과오에 대해 서로 밀접하게 연관된 두 개의 주요 원인을 밝히고 있다. 첫째는 나약한 의지이고, 둘째는 그 나약한 의지로 인해 하느님과 진리로부터 벗어나 피조물이 속한 '낮은' 영역(어거스틴이 신플라톤 철학과 기독교 교리를 융합해서 제시한 견해)으로 향했기 때문이다. 이것은 시간, 유동성, 다양성의 측면에서 가장 밑바닥에 있는 감각적 사물의 영역이며, 모두 하느님으로부터 우리를 멀어지게 하는 것들이다. 플라톤은 이 영역이 각 사물의 완벽한 본보기를 나타내는 순수하고 신성한 형상과 멀리 떨

어져 있음을 나타내기 위해 '상위(相違)의 영역'(어거스틴이 인용)이라고 불렀다. 그러나 어거스틴은 이 같은 음탕한 밀회에서 사랑만을 찾고 있었다는 말도 했다. 이 설명은 존재의 서열이 아무리 낮더라도 만물에 하느님이 현존하신다는 것을 나타낸다. 하느님은 만물에 상존하는 근원이기 때문에 모두가 그 사실을 알든 모르든 하느님과 함께하기를 갈망한다는 것. 따라서 어거스틴은 하느님으로부터 벗어나 낮은 사물을 향하더라도 하느님처럼 되고자 하는 욕망을 벗어날 수는 없다.

8. 어거스틴의 견해에 따르면, 섹스의 적절한 역할은?

9. 어거스틴이 처음 타가스테를 떠나 카르타고로 간 이유는?

10. 십대 시절 어거스틴이 타가스테와 카르타고에서 문란한 생활을 하고 있을 때 나타난 어머니의 반응은?

11. 어거스틴은 배 도둑질의 어떤 측면을 특히 괴로워했는가? 배를 도둑질을 한 이유는?

12. 키케로가 〈호르텐시우스〉에서 표명하려던 핵심적 주장은? 이 책은 어거스틴에게 어떤 영향을 주었는가?

13. 어거스틴이 처음 성경을 접하고 보인 반응은?

14. 마니교도들이 기독교 교리에 대해 제기한 세 가지 의문은?

15. '존재'의 여러 계층에 대해 신플라톤주의가 내세우는 개념을 설명하라.

16. 어거스틴은 마니교의 개념을 반박하기 위해 신플라톤주의 철학이 제시하는 악의 개념을 어떻게 활용하고 있는가?

17. 하느님을 '마음속에 형상화'할 때 어거스틴이 저지른 오류는?

18. 마니교는 구약에 대해 어떤 비판을 가하고 있는가?

19. 신성한 정의(正義)와 상대적 정의의 차이는?

20. 어거스틴은 죄악을 어떻게 분류하고 있는가?

21. 어머니가 처음 겪은 환영을 묘사하라.

22. 어거스틴은 수사학 교사라는 자신의 직업을 어떻게 생각했는가?

23. 타가스테에서 절친한 친구가 죽었을 때 어거스틴이 얻은 교훈은?

24. 하느님에게 더 가까이 가기 위해 언어를 사용할 때 어떤 문제들이 있는가? 이런 문제들의 예외는?

25. 〈아름다움과 알맞음〉에 담긴 어거스틴의 기본적인 주장은? 그는 이 책의 어떤 부분을 유감스러워하고 있는가?

26. 어거스틴이 아리스토텔레스의 〈십 범주〉와 관련하여 범하는 오류는?

27. 어거스틴은 파우스투스의 견해를 어떻게 생각했는가?

28. 마니교의 이원론에 대한 어거스틴의 믿음은 그의 죄책감을 어떻게 약화시켰는가?

29. 암브로스 감독은 어거스틴이 기독교로 개종하는 데 어떤 도움을 주
     었는가?

30. '영적인 실체'는 무엇인가? 어거스틴이 이 개념을 이해하기 어려웠
     던 이유는?

31. 어거스틴이 밀라노에서 거지를 만나고 괴로워했던 이유는?

32. 어거스틴이 신플라톤 철학을 처음 접했을 때 나타낸 반응을 설명하
     라.(어떤 점이 마음에 들었고, 어떤 점이 싫었는가?)

33. 어거스틴이 하느님에 대해 지녔던 '신플라톤주의적' 기쁨의 환상은
     어떻게 되었는가? 그런 견해에서 어떤 사고의 전환을 이루었는가?

34. 자유 의지와 악의 관계는?

35. 어거스틴이 신플라톤주의 철학서보다 사도 바울의 복음이 더 낫다
     고 생각하는 이유는?

36. 어거스틴은 밀라노에서 개종 경험을 하기 전의 정신 상태를 어떻게
     묘사하고 있는가?

37. 어거스틴이 밀라노의 집 정원에서 개종하는 과정을 묘사하라.

38. 어거스틴은 기독교로 개종을 결심한 뒤 현실적으로 어떻게 변화했
     는가?

39. 어거스틴이 어머니에 대해 각별히 찬양한 점은?

40. 오스티아에서 겪은 환상 체험에서 벌어진 일은?

41. 〈고백록〉 제9권 이후는 그 앞의 부분과 어떻게 다른가? 그 이유는?

42. 어거스틴이 기억의 개념과 관련하여 플라톤 철학에서 취한 논리는?

43. '육체의 생명'과 '생명의 생명'의 차이점은?

44. 기억의 종류 가운데 어거스틴이 상술하는 것은? 각 유형별 기억의 난해한 특징을 설명하라.

45. 어거스틴은 자명하게 참된 관념을 어떻게 설명하는가?

46. 하느님이 어떻게 생겼는지 모르는 상태에서 어떻게 하느님을 찾을 수 있을까?

47. 어거스틴은 행복한 삶이라는 사람들의 관념이 지닌 보편적인 특징들을 어떻게 설명하는가? 사람들이 행복한 삶을 발견하지 못하는 이유는?

48. 어거스틴이 〈고백록〉을 집필하는 시점에도 여전히 죄를 짓고 있다고 생각하는 이유는?

49. "태초에 말씀이 계시니라. 이 말씀이 하느님과 함께 계셨으니 이유는 곧 하느님이시니라. 그가 태초에 하느님과 함께 계셨고 만물이 그로 말미암아 지은 바 되었으니 그가 없이는 된 것이 없느니라." 어거스틴은 이 창세기 구절을 어떻게 해석하는가?

50. 어거스틴의 창세기 해석에서 하느님의 '말씀'과 인간의 말 사이에 나타나는 가장 큰 차이는?

51. 어거스틴의 견해에 따르면, 하느님은 불변하고 영원한데 어째서 하

느님의 피조물들은 시간을 두고 끊임없는 변화가 가능한가?

52. 포르피리가 하느님의 창조 행위가 불가능했다고 주장하는 이유는?
     그에 대한 어거스틴의 반박은?

53. 시간은 존재하지 않는다는 어거스틴의 주장을 설명하라.

54. 시간은 외면적인 현상이 아니라 영혼의 한 조건으로 봐야 한다는
     어거스틴의 주장은 어떤 의미인가?

55. '하늘의 하늘'은 무엇인가?

56. '무형의 질료'는 무엇인가? 어거스틴은 이 개념을 어떻게 오해했다
     고 말하는가?

57. 형태가 없으면 변화가 없고, 변화가 없으면 시간이 없다는 어거스
     틴의 주장을 설명하라.

58. 어거스틴은 창세기에 자신이 달아놓은 주석에 대해 강력히 제기되
     는 기독교 내부의 비판을 어떻게 반박하고 있는가?

59. 어거스틴은 성경 집필자의 의도에 대해 어떻게 말하는가?

60. 어거스틴의 창세기 해석에 따르면, 삼위일체와 영혼의 관계는?

61. 어거스틴은 "생육하고 번성하라"는 하느님의 명령을 어떻게 해석
     하는가?

다음 질문에 알맞은 답을 고르시오.

1.   어거스틴의 견해에 따르면, 하느님은 세상 만물 안에 계시다.

    A. 똑같은 속성으로

    B. 다른 양으로

    C. 각 사물 안에 전체로서

    D. 그것들이 악이 아닌 경우에만

2.   영혼이 탄생과 함께 육체에 들어가기 전에 거하는 곳은?

    A. 하느님과 함께

    B. 어거스틴은 언급하지 않는다.

    C. 모든 곳에

    D. 아직 존재하지 않는다.

3.   어거스틴이 학창시절에 자신을 가르쳤던 교사들의 공적으로 꼽는 것은?

    A. 글을 읽고 쓰는 것을 가르쳤다.

    B. 없다.

    C. 허구의 문학 세계를 소개해 주었다.

    D. 철학적으로 사고하는 법을 가르쳐 주었다.

4.   어거스틴이 배를 훔친 이유는

    A. 일종의 또래 압력

    B. 하느님과 닮으려는 욕망

    C. 악행을 저지르고자 하는 욕망

    D. 전부

5.	아버지가 공부를 더 하도록 어거스틴을 카르타고로 보낸 이유는?

A. 출세하도록

B. 좋은 아내를 맞이할 수 있도록

C. 암브로스의 예배에 참여하도록

D. 진리를 탐구하도록

6.	하느님이 어거스틴에게 당신의 말씀을 전하신 매개체는?

A. 예언자 마니의 가르침

B. 아리스토텔레스의 저술

C. 모니카(어머니)

D. 네브리디우스

7.	키케로의 〈호르텐시우스〉가 주장하는 것은?

A. 하느님은 영적인 실존체다.

B. 철학은 위험하다.

C. 악은 존재하지 않는다.

D. 철학은 훌륭한 삶의 열쇠다.

8.	어거스틴이 성경을 처음 읽었을 때 흥미를 잃은 이유는?

A. 마니교 신앙과 일치하지 않아서

B. 성경의 단순한 문체 때문에

C. 성경의 난해한 성격 때문에

D. 너무 말이 많아서

9.	마니교도들은 악을 어떻게 생각했는가?

A. 존재하지 않는다.

B. 하느님만큼 강력하다.

C. 자유 의지의 산물일 뿐이다.

D. 비(非)마니교도들에게만 해당되는 존재다.

10. **영적 실체는 무엇인가?**

A. 공간적 성질을 지니지 않는다.

B. 무한한 크기를 지니고 있다.

C. 진정한 의미에서 실존하지 않는다.

D. 우주를 포함하고 있다.

11. **마니교도들이 구약을 비윤리적인 글이라고 보는 이유는?**

A. 마니에 대해 언급하지 않기 때문에

B. 그리스도를 하느님으로 칭하고 있기 때문에

C. 악에 대해 그릇되게 설명하기 때문에

D. 남색을 용인하는 것 같아서

12. **어거스틴의 견해에 따르면, 하느님의 법칙은?**

A. 세월에 따라 바뀐다.

B. 단계별로 저절로 드러난다.

C. 알 수 없다.

D. 맥락에 따라 달라진다.

13. **어거스틴의 아들 이름은?**

A. 알리피우스

B. 베레쿤두스

C. 아데오다투스

D. 심플리시아누스

14. **어거스틴에게 점성술은?**

A. 사이비 종교

B. 예언의 한 형태

C. 유용한 강의 도구

D. 예언의 한 형태는 아니지만, 단순한 우연 이상의 학문

15. 어거스틴이 타가스테를 두 번째 떠난 이유는?

    A. 절친한 친구가 죽어서

    B. 카르타고가 그리워서

    C. 원래 성격이 불안해서

    D. 세례를 받고 싶었기 때문에

16. 〈고백록〉은 어떤 형식을 취하고 있는가?

    A. 모니카에게 보내는 편지

    B. 교회에 바치는 사죄문

    C. 인간에게 고하는 말

    D. 하느님께 고하는 말

17. 어거스틴이 초기 저작물인 〈아름다움과 알맞음〉의 내용 가운데 철
    회하는 견해는?

    A. 그리스도는 단순한 인간이다.

    B. 악은 인간의 자유 의지 때문에 생긴다.

    C. 정신이 하느님이다.

    D. 모든 것은 하느님 안에서 존재한다.

18. 어거스틴이 파우스투스와 만난 뒤 보인 반응은?

    A. 마니교도가 된다.

    B. 마니교 교리에 의구심을 품는다.

    C. 새로운 교사를 찾는다.

    D. 기독교로 개종한다.

19. 암브로스가 어거스틴에게 충고한 것은?

    A. 성경을 은유적 의미로 읽어라.

    B. 수사학적 표현을 무시해라.

C. 결혼해라.

D. 하느님을 일종의 빛으로 마음에 그려라.

20. **어거스틴이 처음 기독교를 배울 때 매력을 느낀 부분은?**

A. 논리적인 주장들

B. 영적 실체의 개념을 강조하는 점

C. 성경 내용에 대한 증거 제시를 거부하는 점

D. 반(反)마니교적인 논증

21. **어거스틴이 결혼을 약속한 이유는?**

A. 내연의 처를 잃었기 때문에

B. 알리피우스의 권유 때문에

C. 암브로스의 권유 때문에

D. 출세에 도움이 될 것이기 때문에

22. **어거스틴은 밀라노의 정원에서 들려온 아기 목소리를 어떤 의미로 받아들이는가?**

A. 개종해야 한다.

B. 자신이 죄인이다.

C. 성경을 찾아보아야 한다.

D. 자신이 아직 진실로 겸손해지지 않았다.

23. **어거스틴과 어머니는 무엇을 깊이 생각하다가 함께 환영을 보기 시작하는가?**

A. 기도문

B. 하늘

C. 창세기

D. 시간

24. 어거스틴이 지닌 기억의 관념에 영향을 준 사람은?

A. 플라톤

B. 아리스토텔레스

C. 키케로

D. 암브로스

25. 하느님의 우주 창조는

A. 하루에 일어난다.

B. 시간이 시작되기 전에 일어난다.

C. 시간이 시작된 후에 일어난다.

D. 영원히 일어난다.

26. 어거스틴의 견해에 따르면, 그리스도는

A. 하느님의 영혼이기도 하다.

B. 하느님의 말씀이기도 하다.

C. 하느님의 마음이기도 하다.

D. 전부

27. 어거스틴은 시간이 영혼의 어떤 성질을 띠고 있는 것으로 추정하는가?

A. 간격

B. 죄

C. 구분

D. 확장

28. 4종류의 기억은?

A. 능력, 관념, 감각적인 영상, 감정

B. 아름답고, 사악하고, 물질적이고, 영적인

C. 능력, 관념, 감각적인 영상, 정보

D. 아름답고, 실제적이고, 물질적이고, 영적인

29. 어거스틴의 견해에 따르면, 시간이 항상 향하는 곳은?

A. 비(非)존재

B. 영원성

C. 다양성

D. 악

一以貫之 논술노트

신앙과 이성 사이에서　○

실전 연습문제　○

一以貫之는 '논어'에 나오는 말로 '모든 것을 하나의 이치로 꿰다'는 뜻입니다.

논술의 주제와 문제 유형, 제시문들은 참으로 다양하고 가지각색입니다. 그러나 그 모든 것을 하나로 꿸 수 있습니다. '인간사회의 보편적 문제들에 대한 근원적인 물음에 답하는 자기 나름의 견해'라는 것이지요. 논술은 인간이면 누구나 부닥치는 개인적 또는 사회적 문제들에 대한 자기 나름의 고민이자 성찰입니다. 논술은 자기견해, 자기 가치관, 자기 삶에 대한 솔직한 고백입니다.

一以貫之 논술연구모임은 '자신의 물음'과 '자신의 생각'을 갖고 '자신의 글'을 쓸 수 있도록 도와줍니다.

〈집필진〉
우효기, 김재년, 이호곤, 우한기, 박규현, 김법성, 김병학, 도승활, 백일, 조형진

신앙과 이성 사이에서

▌소유냐 존재냐

　　나는 그런 자들 틈에서 어린 나이에 당시의 웅변술을 공부하고 있었습니다. 나는 허영에 날뛰며 말 잘하는 사교가가 되려고 애썼습니다. 이러다가 나는 관례적 학습과정에 따라, 드디어 키케로의 어떤 책을 읽게 되었습니다. 그의 의도와는 달리, 그의 문장은 거의 모든 사람들이 좋아하였습니다. 그 책은 바로 철학 사상이 담긴 〈호르텐시우스〉였습니다. 그런데 주님! 이 책은 실로 나의 성정(性情)을 변화시키고, 나로 하여금 주님께 기도드리게 해 주었습니다. 그리고 내 장래의 소망을 바꾸어 버렸습니다. 나는 그 책을 읽고 또 읽었습니다. 그리하여 영원한 슬기를 구하게 되고, 주님 앞으로 돌아가기 위해 일어섰습니다.(고백록 3.5)

　　어거스틴이 출세지향적인 수사학자로서의 삶에서 참된 진리를 발견하는 삶으로 방향을 전환하는 대목이다. 그 계기는 한 권의 책. 이처럼 한 권의 책은 우리 삶을 바꿔놓을 수 있다. 당대 최고의 인기직업이었던 수사학자는 한마

디로 말로써 먹고 사는 사람이다. 얼마나 유창하고 매끄러운 말로 논쟁에서 이길 수 있을지를 연구하고 가르치는 것. 젊은 어거스틴 역시 모두가 선망하는 수사학자로서 성공하길 바랐고, 총기 있는 두뇌를 가진 그의 장래는 장밋빛이었다. 그러나 그런 삶 속에서는 인생의 본질과 참된 행복에 대한 아무런 해답을 얻을 수 없었고, 단지 겉만 번지르르한 포장된 삶만이 기다리고 있을 뿐이었다. 이때 그가 만난 키케로의 책은 삶의 참된 의미는 소유가 아니라 존재에 있고, 참된 지혜와 진리에 대한 명확한 인식만이 의미 있는 삶을 가능케 한다는 점을 일깨워주었다. 그리고 그 후의 삶은 진리에 대한 철학적 해답을 찾는 부단한 노력의 연속이었다.

　　삶의 진정한 기쁨을 찾기 위한 고민은 이후 밀라노에서 수사학 교사로 재직하던 시절에도 계속 이어진다. 어느 날 황제의 찬양 연설을 쓰기 위해 고심하던 그는 우연히 길을 걷다가 거지와 마주쳤고, 술에 취해 더없이 행복하게 웃으며 장난치는 모습을 보면서 세속적으로 출세했다는 자기의 삶과 거지의 삶 중 어느 쪽이 더 행복한 삶인지 의문을 품게 되었다. 그리고 세속적인 행복추구가 삶의 목적이라면 거지가 자신보다 먼저 그 행복에 이른 것은 아닌지, 게다가 황제를 위해 거짓 찬사를 꾸며대야 하는 자신의 삶은 분명 끊임없이 스스로를 속이면서 마음속에 기쁨을 가져다주지 않는 거짓된 삶은 아닌지 회의가 들었고, 참된 삶은 세상의

쾌락처럼 일시적이고 공허한 것이 아닌 흔들리지 않는 중
심을 찾는 데서 발견할 수 있다고 확신했다.

당신께서는 당신을 섬기도록 인간을 창조하셨으므로 우리를
깨우쳐 기꺼이 당신을 찬양토록 하셨으며, 우리의 마음은 당신 안
에서 안식을 얻지 않고는 평안할 수 없습니다.(고백록 제1권1장)

〈고백록〉은 이처럼 진리추구로부터 시작해 진리 속에
서의 편안한 안식으로 끝을 맺는다. 이때의 진리는 곧 불변
이므로 절대자요 신을 의미하고, 그의 고백은 신에 대한 고
백이 될 수밖에 없다. 즉 신과 인간이 바로 〈고백록〉의 주
제인 것. 이렇게 신과 인간의 연관성을 묻는 주제 하에서는
인간을 제대로 알기 위해 신을 알아야 하고, 신을 알기 위
해 인간을 알아야 한다는 물음이 던져질 수밖에 없다.(1.5)

예민한 죄의식의 소유자

〈고백록〉에서는 그가 어린 시절 저질렀던 죄에 관해
다양한 고백을 들을 수 있다. 그는 평생 당시의 죄에 대한
가책으로 괴로워했다. 공부를 게을리 하고 놀기를 좋아한 것,
극장구경을 즐긴 것, 순전히 장난삼아 이웃집 배들을 따먹

은 것, 등등. 사실상 어떻게 보면 사소한 죄일 수 있지만 그러한 고백을 통해 인간이 처한 원죄 상황을 강조하고 있는 것. 심지어 아기가 엄마 젖을 빠는 형제를 창백하고 원망스런 표정으로 바라보고 있는 모습에서까지 그 영혼에 깃들어 있는 죄를 발견한다.

죄에 대한 이 같은 민감성은 개인의 삶에 쓸데없이 많은 죄책감을 안겨준다는 점에서 부당한 논리가 된다. 사실 어린 시절의 삶이 위에 열거한 사항에 전혀 해당되지 않을 사람이 과연 몇이나 되겠는가? 그리고 이 같은 죄의 목록들이 과연 죄라고 할 수 있는 것인지도 의심스럽다. 공부만 열심히 하고, 극장구경을 안 가고, 매사에 항상 모범생으로 사는 것이 참된 어린이다운 모습인가? 오히려 뭔가 문제가 있는 아이 아닌가? 엄마 젖을 향한 아기의 욕망은 자연스러운 것 아닌가? 그는 왜 이렇게 인간의 자연스런 성장과정을 죄악시하며 신 앞에 고백하고 있는가?

여기서 우리는 고백이 제3자의 논리가 아닌 개인적인 내밀한 체험의 표현임에 주목할 필요가 있다. 한 사람의 내적 고백을 현재의 입장에서 비판하는 것은 부당할 수 있다. 고백자가 처한 상황, 고백의 동기, 그리고 그 대상을 살피지 않고 오늘의 시각에서 바라보면 많은 편견이 생긴다. 그로서는 어른이 되어 지난날을 반성할 때 어린 시절의 사소한 행위 하나하나가 쌓여 더 큰 죄악으로 이어진다는 점에서 예사로 넘기기 힘든 일이었을 것이다. 조그만 죄악의 씨앗조차 못 견뎌하며 부끄러워하는 심성은 폭력과 위선이 난무하는 우리 시대와 정반대의 자리에 위치해 있다.

모든 윤리와 도덕의 출발점은 바로 이 부끄러움에 대한 예민한 감각에서부터 출발한다. 공자 역시 논어의 많은 대목에서 부끄러움(恥)에 대해 언급하고 있다.

옛 사람들이 말을 하지 않았던 것은 자신의 됨됨이가 그 말에 미치지 못하는 것을 부끄러워했기 때문이다.(제4편, 里仁, 22)

자신의 행동에 부끄러워함이 있으면 선비라 할 수 있다.(제13편, 子路, 20)

군자는 자신의 말을 부끄러워하고 자신의 행동을 허물한다.(제14편, 憲問, 29)

이러한 자기반성은 삶을 더욱 당당하게 영위해 나가는 힘이 될 수 있다. 다른 누군가의 시선을 의식하지 않고 자신의 내면을 조용히 바라다보는 가운데 올바른 삶에 대한 반듯한 기준을 잡을 수 있고, 타인에 대한 열린 마음을 가질 수 있게 되는 것.

또한 어거스틴의 예민한 죄의식은 기본적으로 그가 평

생 고민한 주제인 인간의 내면에 자리 잡은 악의 문제와 관련되어 있다. 그는 이 주제를 둘러싸고 선과 악을 이원론으로 바라보는 마니교에 심취하기도 하고 싸우기도 하면서 인간의 내면에서 악을 찾으려 했고, 의지의 왜곡을 악으로 보았다. 그가 소년 시절 '배 따먹은 이야기'는 인간의 죄가 어떻게 비롯되는지를 인간의 의지와 연관시켜 보여주고 있다. 악한 의지는 악한 일을 하도록 자극하는 동기가 되는 것이다. 많은 사람들이 악의 원인을 인간의 자유 의지 밖에서 찾으려고 했던 시대에 인간 내면에 있는 왜곡된 의지가 바로 악의 원인이라고 보았던 것.

모든 것은 선하다

어거스틴은 악을 인간의 잘못된 의지로 보았을 뿐 악 자체는 선과 달리 실체로 존재한다고 생각하지 않았다. 악은 다만 선의 결핍일 뿐.

하나는 선이고 하나는 악이라는 것은 진리가 아닙니다. 그러므로 그들은 이 같은 모순에 빠지지 않기 위하여 진리로 되돌아가 사색해야 할 것입니다. 그러면 한 영혼 속에는 여러 의지가 다양하게 작용하고 있다는 사실을 부정하지 않을 것입니다.(8.10)

어거스틴에 따르면, 각각의 존재 자체는 선하고 좋다. 어떠한 불완전성이나 악도 있을 수 없는 최고선인 신이 창조한 존재가 나쁠 수 없다고 보았기 때문이다. 이처럼 모든 존재가 선하다는 말은 개인의 의지에 따라 자신의 인간다움을 언제라도 회복할 수 있다는 말로 해석된다.

내가 오늘 여기에 존재한다는 사실 자체가 선하고 좋고 아름답고 찬양할 신비스런 일이라면, 내가 얼마나 많은 재산을 갖고 있는지, 내가 얼마나 성공한 사회적 신분을 누리고 있는지, 등의 평가는 부차적인 문제가 된다. 현대인들은 내 손에 얼마나 많은 소유물이 들려 있는지에 따라 '나'란 존재의 확실성이 보장된다는 착각 속에 살고 있지만, 어거스틴은 과거는 흘러가 버려서 없고, 미래는 아직 오지 않아서 없고, 무한 공간 속에서 지금 순간을 살고 있는 것이 유한한 생명의 실상이라고 말한다. 이러한 시간관에 따르면, 사업에 실패했다고, 입학시험에 떨어졌다고, 가난과 질병에 시달린다고 생명을 포기하는 것은 어리석은 짓이다.

또한 오늘날처럼 거대한 조직과 권력망 속에서 자기 의지를 포기하고 살기 쉬운 시대에 우리가 지향할 방향은 바로 이런 자기 존재의 선함을 실현하는 것이고, 이는 곧 자기가 신과 같은 선한 속성을 지녔다는 끊임없는 자각으로부터 가능해진다. 당장의 사회적 생존을 위해 선함을 포기하는 삶은 자신을 생각하는 마음이 없는 삶이고, 이처럼 자기배려가 없는 타율적인 삶은 권력망의 틀 속에 갇힌 삶으로 창조적인 자기발전을 실현할 수 없게 된다.

그리고 모든 존재가 선하다는 인식은 타인에 대한 무한한 배려로 이어질 수 있다. 눈앞에 보이는 타인의 행위가 아무리 사악하고 용서할 수 없게 보여도 존재 자체의 선함을 인정하는 전제 위에서 그 행위를 판단할 수 있게 되는 것이다. 이러한 논리에 따른다면 사형제와 같은 제도는 사형수의 선함뿐만 아니라 그를 둘러싼 모든 인간의 선함을 간과한다는 점에서 성립할 수 없다. 어거스틴에 의하면, 모든 피조물은 창조주의 선물이며, 그의 영혼은 신에게 가까워지면 가까워질수록 참된 존재, 선한 존재가 될 수 있다.

개인적 체험과 내면의 중요성

이렇게 개인의 영혼과 같은 내면성을 중시했던 어거스틴은 모든 신학적인 대답을 인간의 내면에서 찾았기 때문에 인간의 심리분석을 통해 신학의 해답을 찾았다. 예를 들어, 보통 하느님의 존재 여부를 논할 때, 아퀴나스 같은 사람은 신을 제1원인으로 보지만, 어거스틴은 외적인 것에서 신을 찾지 않고 자기 마음속에 현존하는 신의 체험과 의식에서 출발한다. 그러므로 신의 의식에서 출발해 신의 존재로 가는 것이지, 만물을 통해 신에게 도달하는 것이 아니다. 아퀴나스의 방법으로 신을 찾아가면 원인을 거슬러 올라가 신은 단지 물질적인 것밖에 되지 않고, 신의 물질성은 그가 젊은 시절 오랫동안 탐닉했던 마니교 교리와도 통한다.

그러나 신의 선과 인간의 악이 어떻게 양립할 수 있는지 의문을 품던 그는 마니교에서 끝내 답을 찾지 못하고 회의론에 빠졌다가 기독교로 개종한다. 이때 그 징검다리가 되는 것이 신플라톤주의.(7.20) 신플라톤주의는 플라톤 철학을 일신교적(一神敎的) 체계로 해석한 논리인데, 기독교 교리와 기본적인 내용에서 같은 구조를 띠고 있다. 그러나 신플라톤주의에서는 이 세계가 결코 신의 의지적 계획과 설계, 어떤 구원 의도와 의지의 산물이 아닌 반면, 기독교에는 인간을 향한 하느님의 끝없는 사랑과 은총이 들어 있었다. 즉 전자의 신은 인간이 다가갈 수 없는 초월적 타자지만, 후자의 신은 초월적 존재이면서도 인간의 실존을 통해 만날 수 있는 인격적 존재였던 것이다. 그리고 전자의 앎은 교만한 자부심으로 연결되고, 후자의 앎은 겸허한 고백으로 이어지게 된다. (7.20)

당신은 나의 가장 깊숙한 내부보다 더 내부에 계시고, 나의 가장 높은 곳보다도 더 높은 곳에 계셨습니다.(3.6)

신이 인간을 초월하면서 인간에게 내재한다면 이제 인간은 진리를 찾기 위해 바깥을 방황할 필요가 없다. 자기 안에 있는 진리를 발견하기만 하면 된다.(10.24) 그리고 신의 사랑과 은총 속에서 얻는 진리만이 참된 기쁨이요 참된 행복이다. 이처럼 내면적 성찰을 중시하는 입장은 도덕경(道德經)의 주요 내용이기도 하다.

문밖에 나가지 않고도 천하를 다 알고,

창으로 내다보지 않고도 하늘의 도를 볼 수 있습니다.

멀리 나가면 나갈수록 그만큼 덜 알게 됩니다.

그러므로 성인은 돌아다니지 않고도 알고,

보지 않고도 훤하고,

억지로 하는 일 없이도 모든 것을 이룹니다.(47장)

노자는 진리가 외부 세계에 있는 듯이 생각하고 외부 현상에 대한 정보만 찾는 데 온갖 신경을 쓰면서 사물의 참된 근원을 간과하는 것에 대해 경고한다. 이는 표면적인 지식보다 진리의 근원적 뿌리에 대한 파악이 더 중요하다는 것이지 외부 세상에 대한 원천적인 부정은 아니다. 어거스틴도 세상 것을 무조건 부정하지는 않았다. 그는 금욕주의자가 아니다. 신이 세상을 보기 좋게 창조했고, 모든 것이 좋다고 한 세상을 부정할 수는 없는 것이다. 그는 세상 만물을 모두 사랑해야 하지만 그 사랑에는 순서와 질서가 있어야 한다고 보았고, 사랑의 질서로서 Uti(use)와 Frui(enjoy)를 구분한다. 여기서 우리는 당연히 전자와 같은 세상의 감각적인 것이 아닌 후자와 같은 인격적인 만남에서 오는 즐거움을 추구해야 한다.(2.1, 2)

또한, 우리는 모든 것을 사랑하되 존재의 위계에 따라 사랑해야 한다. 존재의 위계에서 보다 영속적이고 변치 않는 존재, 보다 자립적인 존재일수록 절대적 존재에 가까운 높은 자리를 차지하므로 제일 높은 곳에서부터 따지면 신, 인간, 동물, 식물, 광물의 순서가 되고, 인간에게는 육체에 비해 영혼이 더 높은 자리를 차지할 수 있다. 이제 존재의 위계에 따라 가치의 순서가 결정된다고 말할 수 있는데, 이런 논리라면 애완동물을 인간보다야 사랑해서는 안 된다고 할 수 있다. 이러한 순서가 바뀔 때 왜곡된 사랑이 생겨난다. 오늘날 돈과 광물을 인간보다 더 사랑하는 것은 분명 잘못된 사랑, 전도된 가치관이라 할 수 있다. 정말 인간을 제대로 사랑하는 법이 무엇인지, 그리고 인간의 영혼을 소중히 여기는 방법이 무엇인지 깊이 고민해야 할 때다.

습관의 폭력과 신의 은총

주님께서는 도처에서 당신 말씀의 진리를 보여주셨지만, 나는 그것을 확신하고 있으면서도 전혀 대답할 말을 찾지 못했습니다. 나는 오직 잠깐만, 잠깐만요, 조금만 기다려 주세요라는 허황된 잠꼬대만 뇌까릴 뿐이었습니다. 그러나 나는 계속 조금만, 조금만을 연발할 뿐 깨어날 줄을 몰랐습니다. "내 속 사람으로는 하느님의 법을 즐거워하되, 내 지체 속에서 한 다른 법이 내 마음의 법과 싸워 내 지체 속에 있는 죄의 법 아래로 나를 사로잡아 오는 것을 보는도다."(로마서 7:22, 23) 이 죄의 율법은 습관이 강력한 힘으로 말미암아 마음을 사로잡고 정신적 소욕을 거스르고 육체적 소욕에 따라 마음을 다스립니다.(8.5)

어거스틴은 진리에 대해 충분히 듣고 그것을 따르기로 마음먹었지만 실천의지가 부족함을 고백하고 있다. 그동안 해오던 습관이 빠져 나올 수 없는 유혹이 되어 의지를 꼼짝 못하게 사로잡아 버렸다는 것이다. 즉 마음속에 움트기 시작한 새로운 의지와 오랫동안 굳어진 낡은 의지와의 싸움에서 아직은 옛 의지가 우세한 상황이다. 이처럼 무서운 것이 습관이다. 습관은 내 자유 의지를 행사함으로써 이루어진 결과이지만 한 번 굳어지면 객관적인 힘이 되어 나를 지배하듯, 인간은 습관의 폭력에 사로잡혀 완전히 자유로움을 얻지 못하는 불합리한 상황에 직면하게 된다. 그러므로 인간이 자기 노력을 통해 구원을 받는다는 것은 불가능하며 필연적으로 신의 은총에 의존할 수밖에 없다. 이처럼 신의 은총에 절대적으로 의존하며 인간의 개인적 노력과 의지를 배제하는 숙명론은 결국 구원예정설로 이어지고, 후세에 칼뱅을 통해 일부 개신교 종파들의 교리가 된다.

이렇게 자기 의지를 원천적으로 부정하는 원죄의식과 예정설에 대한 언급은 앞서 주장한 선한 존재로서의 인간의 의지에 대한 주장과 근본적으로 충돌한다는 점에서 모순된다. 정신을 물질의 우위에 두고, 일체의 사물을 초월한 절대자를 두는 등, 기독교의 근본 사유는 플라톤 류의 관념론과 동일한 형태를 띠므로 이러한 논리구조에서라면 인간 개인의 의지와 욕망은 독자성을 잃고 필연적으로 신과 같은 자기 외부의 힘에 수렴될 수밖에 없기 때문일 것이다. 영성으로서의 종교가 개인적 신앙의 차원에서 인간의 미래에 대한 불확실성과 미지의 영역에 대한 불안감을 해소하는 측면에서 존재의의가 있는 반면, 그것이 사회제도로 굳어져 견고해질 때 인간의 모든 행위를 억압하고 무기력하게 만드는 독선적인 지위로 나아갈 수 있음을 확인하게 된다.

은유로서의 열린 성경 해석

　　암브로스 주교의 영향을 받은 어거스틴은 성경에 대한 은유적 해석을 즐겨 사용한다. 특히 구약 성서의 경우가 그렇다. 성서에 대한 직접적 해석이 낳을 위험성이 다분하기 때문일 것이다. 아무튼 진리에 대한 믿음의 테두리 내에서 다양한 해석의 가능성을 열어놓는 것은 교리가 빠질 독단성을 방지할 수 있다는 점에서 유연한 종교적 자세라고 하겠다. 가령, 창세기의 천지창조 대목에서 '천지'에 대해 제기되는 1) '하늘과 땅'이라는 두 단어가 눈에 보이는 세계 전체를 포괄하고 있다. 2) 보이지도 않고 형상도 없는 혼돈 상태의 질료가 본래 하늘과 땅을 의미한다. 3) 천지란 보이는 세계와 보이지 않는 세계를 모두 포괄한다. 4) 천지란 완성된 자연이 아니라 은유적인 피조물과 물질적인 피조물이 단지 가능체로서 존재하는 질료일 뿐, 등등의 갖가지 주장들을 모두 가능한 해석으로 파악하는 것.

　　창세기 1장 마지막 절(31절)의 "하느님이 그 지으신 모든 것을 보시니 보기에 심히 좋았더라"는 대목에 대해서는 모든 존재가 개별적으로 선할 뿐만 아니라 함께 어울리면 더욱 선하다고 설명한다. 그리고 이것을 잘 조화된 아름다운 육체와 결부지어 설명하면서 질서를 통한 부분적인 것의 결합은 전체적인 아름다움의 완성으로 이어진다고 본다.

　　어거스틴에게 수(數)는 매우 매혹적인 것이었다. 그는 〈티마이오스〉에 나타난 플라톤의 견해를 받아들여 수를 신의 천지창조의 근본 원리로 간주했다. 모든 것은 수에 의존한다. 대상은 오로지 수의 속성을 통해서만 존재한다. 수는 존재와 아름다움 양자에 근본적인 것이다.

어거스틴은 이렇게 말했다. "가령 특정한 의도나 목적 없이 단지 즐거움을 위해 팔을 움직인다고 가정해 보라. 그것은 춤이 될 것이다. 춤의 무엇이 당신을 즐겁게 하는지를 물어보라. 그러면 수가 이렇게 답할 것이다. '자, 나 여기 있소.' 신체 형태의 아름다움을 살펴보라. 그러면 당신은 모든 것이 수에 따라 자리 잡고 있다는 사실을 알게 될 것이다. 신체 동작의 아름다움을 살펴보라. 그러면 당신은 모든 것이 수에 따라 적절한 시간대에 놓여 있음을 알게 될 것이다."

수는 질서의 근본 원리이며, 질서는 여러 부분들을 어떤 목적에 부합하게 하나의 통합된 복합체로 배열하는 것이다. 질서 있는 모든 것은 아름답다. (2006 고대 정시—질서)』

또한 창세기 2장의 초반(2, 3절)에 나오는 "일곱 째 날에 안식하시니라"는 대목을 통해서는 우리 인간 역시 매우 선한 일을 이룬 후, 편히 쉬도록 하기 위한 것으로 본다. 이어지는 창세기 2장의 내용에 대한 그의 해석은 노동에 관한 시각을 잘 보여준다.

낙원에서는 노동을 한다는 것이 고된 일이라기보다는 그저 즐겁기만 하였을 것이다. 인간의 노동 덕분에, 하느님이 창조하신 바는 자라나고 성숙하여 풍부한 결실을 맺게 되는 것이었다. (중략) 하느님이 인간을 낙원에 들여보내신 것은 일하게 하기 위함이었다. 노동하는 사람은 한 그루의 나무를 바라보면서 그의 시선을 창조계 전체로 옮겨간다. 정말 세계는 한 그루 나무와 같다. 세계에는 섭리가 이중으로 작용한다. 자연에 맡겨진 부분과 의지에 맡겨진 부분이 이중으로 작용한다. 그 모두가 인간이 교육을 받는 표지이고, 교양을 쌓는 밭이며, 인간이 발휘할 기술인 것이다. 이제 의미가 밝혀진다. 하느님이 인간을 낙원에 들여보내신 것은 일하게 하기 위함이었다. 거기서 농사를 지으라는 뜻에서였다. 그것은 노예가 하는 강제 노역이 아니라 자유 의지에서 우러난 지성인의 작업이었다. 이런 일에 종사하는 것처럼 순진무구한 일이 또 어디 있겠는가? 인간이 그것을 지혜롭고 현명하게 수행한다면 노동보다 고상하고 그보다 성취적인 일이 또 있겠는가?

— 어거스틴, 창세기 축자 해석에서(2003 서강대—노동)

이는 다음과 같은 창세기 2장의 구절에 대한 해석일 것이다.

여호와 하느님이 땅에 비를 내리지 아니하였고 경작할 사람도 없었으므로 들에는 초목이 아직 없었고 밭에는 채소가 나지 아니하였으며 안개만 땅에서 올라와 온 지면을 적셨더라 여호와 하느님이 흙으로 사람을 지으시고 생기를 그 코에 불어 넣으시니 사람이 생령이 된지라 여호와 하느님이 동방의 에덴에 동산을 창설하시고 그 지으신 사람을 거기 두시고 여호와 하느님이 그 땅에서 보기에 아름답고 먹기에 좋은 나무가 나게 하시니 동산 가운데에는 생명나무와 선악을 알게 하는 나무도 있더라(창세기 2장 5-9)

위와 같은 맥락에서 다음의 창세기 구절에 대해서는 어거스틴이 어떻게 해석할지 생각해 보자.

여호와 하느님이 가라사대 보라 이 사람이 선악을 아는 일에 우리 중 하나같이 되었으니 그가 그 손을 들어 생명나무 실과도 따 먹고 영생할까 하노라 하시고 여호와 하느님이 에덴동산에서 그 사람을 내어 보내어 그의 근본된 토지를 갈게 하시니라(창세기 3장 22-23)

실전 연습문제

다음 제시문들을 읽고 물음에 답하시오.

(가)

　하느님에게는 그리고 하느님께서 만드신 모든 피조물에는 악이 존재하지 않습니다. 물론 어떤 것들은 다른 부분과 조화를 이루지 못해 악이라고 불릴 만한 것도 있습니다. 하지만 이런 것들도 다른 것과 조화를 이루면 선이 되기 때문에 그것도 결국 선입니다. 그러므로 '이런 것들은 좀 사라졌으면' 하고 바랄 만한 것은 세상에 없습니다. 저는 이제 세상 전체를 보고 확실하게 깨달았기 때문에 더 이상 어떤 것이 좋아지기를 바라지 않습니다. 우수한 것이 열등한 것보다 낫긴 하지만 좀더 깊이 생각해 보면 우수한 것들만 존재하기보다 열등한 것들과 어울려 조화를 이룰 때 더욱 의미가 있습니다.

　건강한 사람의 입에는 맛있는 빵이 병든 자의 입에는 쓰고, 건강한 사람의 눈에 비친 아름다운 햇살이 병든 사람의 눈에는 피하고 싶은 괴로운 빛입니다. 이렇듯 악한 자들은 하느님의 정의를 싫어합니다. 하느님에게서 멀어질수록 이 세계의 낮은 곳에 있게 되며 하느님을 닮을수록 높은 곳에 있게 됩니다. 그러므로 악하다는 것은 어떤 실체가 아니라 지고한 하느님으로부터 벗어나 자신의 생명을 저버리고 왜곡된 의지만 좇아 밖으로 교만해진 것을 말합니다.

—어거스틴 〈고백록〉 제7권

(나)

"죽음이 우리에게 아무것도 아니다"라는 믿음에 익숙해져라. 왜냐하면 모든 좋고 나쁨은 감각에 있는데, 죽으면 감각을 잃게 되기 때문이다. 따라서 "죽음이 우리에게 아무것도 아니다"라는 사실을 제대로 알게 되면, 가사성(可死性)도 즐겁게 된다. 이것은 그러한 앎이 우리에게 무한한 시간의 삶을 보태어주기 때문이 아니라, 불멸에 대한 갈망을 제거시켜주기 때문이다. "죽음은 두려운 일이 아니다"라는 사실을 진정으로 깨달은 사람은, 살아가면서 두려워할 것이 없다. 그러므로 "내가 죽음을 두려워하는 이유는, 죽을 때 고통스럽기 때문이 아니라, 죽게 된다는 예상이 고통스럽기 때문이다"라고 말하는 사람도 헛소리를 하는 셈이다. 왜냐하면 죽음이 닥쳐왔을 때 고통스럽지 않은데도 죽을 것을 예상해서 미리 고통스러워하는 일은 헛되기 때문이다. 그러므로 가장 두려운 악인 죽음은 우리에게 아무것도 아니다. 왜냐하면 우리가 존재하는 한 죽음은 우리와 함께 있지 않으며, 죽음이 오면 우리는 존재하지 않기 때문이다. 그렇다면 죽음은 산 사람이나 죽은 사람 모두와 아무런 상관이 없다. 왜냐하면 산 사람에게는 아직 죽음이 오지 않았고, 죽은 사람은 이미 존재하지 않기 때문이다.

—에피쿠로스 〈쾌락〉

(다)

신앙의 대상인 신은 여러 속성을 본질적으로 갖추고 있는데 전능성이나 사랑도 당연히 그 속에 포함된다. 따라서 전능한 사랑의 신이 이 세상을 주재(主宰)한다면 세상 속의 악과 고통을 사라지게 할 수 있을 것이며, 또 그렇게 할 것이다. 그러나 우리가 일상 경험하는 대로 악과 고통은 여전히 발생하고 있다. 따라서 전능한 사랑의 신이 이 세상을 책임지고 다스린다고 할 수 없다. 그 신은 무능한 면이 있든지 아니면 최소한 사랑의 신은 아닐 것이다.

—김영민, 이왕주 〈소설 속의 철학〉

(라)

그들이 이런 차림으로 행진을 하는 동안 아주 비장한 설교와 아름다운 성가 합창이 들렸다. 캉디드는 성가의 박자에 맞춰 볼기를 맞았고, 비스케 사람과 닭고기 비계를 먹기 싫어한 남자 두 사람은 화형을 당했으며, 목매달아 죽이는 것이 관례가 아닌데도 팡글로스는 교수형에 처해졌다.

바로 그때 굉음을 내며 또 다시 지진이 일어났다.

캉디드는 놀라고 말문이 막히고 얼떨떨하여 온몸이 피투성이가 된 채 바르르 떨며 자문했다.

"만일 이러한 세상이 선하고 자비로우신 신의 섭리에 의해서 만들어진 최선의 세상이라면, 도대체 무자비한 신이 만든 세상이란 어떻게 생겨먹은 세상일까? 내가 볼기를 맞은 거야 불가리아 군대에서도 당했던 일이라고 치자. 그러나 내 소중한 스승 팡글로스, 가장 위대한 철학자인 그는 왜 이유도 없이 사람들이 보는 앞에서 교수형을 당해야 했나? 오, 내 사랑하는 재침례교도여! 이 세상에서 가장 착한 그대는 왜 항구에서 익사해야 했단 말입니까! 오, 퀴네공드 양! 처녀 중의 진주인 그대는 왜 배가 갈려 죽어야 했나요?"

—볼테르 〈캉디드〉

(마)

天下皆知 美之爲美

斯惡已

皆知善之爲善

斯不善已.

故, 有無相生, 難易相成, 長短相形, 高下相傾, 音聲相和,

前後相隨.

세상 사람들이 모두 이것이 아름답다고 하니,(천하개지 미지위미)

이것이 추함이다(또는 추함을 낳았다).(사오이)

모두 이것이 선이라 하니,(개지선지위선)

이것이 불선, 즉 악이다.(또는 악을 낳았다.)(사불선이)

따라서 있고 없음은 서로 말미암고, 어렵고 쉬움도 서로 말미암고,(고, 유무상생 난이상성) 길고 짧음도 서로 말미암고, 높고 낮음도 서로 말미암고,(장단상형 고하상경) 악기 소리와 목소리도 서로 말미암고, 앞과 뒤도 서로 말미암느니라.(음성상화 전후상수)

—도덕경 제2장

(바)

저 유명한 '선'과 '악'의 대립 개념의 기원이 바로 여기에 있다. 노예의 느낌 속에서 권력, 위협감을 주는 것, 공포를 느끼게 하는 것, 세련된 것, 무시할 수 없는 강력한 힘 등은 모두 악한 것으로 비친다. 그러므로 노예의 도덕에 따르면 '악한' 인간은 공포감을 불러일으키는 인간이다. 그러나 주인의 도덕에서는 공포를 불러일으키거나 그러한 의도를 가진 사람이 바로 '선한' 인간이며 반면에 경멸감을 불러일으키는 인간은 '악한' 인간이 된다.

노예 도덕의 논리적 귀결로서 이러한 도덕이 내세우는 '선'과 경멸감을 자아내는 특성이 결부될 때 두 도덕 간의 대조는 절정에 달하게 된다. 왜냐하면 노예적 사고방식 하에서는 '선한' 인간이란 위험스럽지 않은 인간이어야 하기 때문이다. 그는 온화하고 속기 쉽고, 어리석은 면이 있는 인간이며 호인이다. 노예 도덕이 일반화된 곳에서는 '선'이라는 용어와 '어리석음'이라는 용어의 의미가 비슷해져가는 경향이 엿보인다.

—니체 〈선과 악을 넘어서〉

(사)

　하느님이 존재하지 않는다면 대체 어떻게 될까? 만일 그것이 인류의 인위적인 사상에 불과하다는 라키친의 말이 옳다면 대체 어떻게 될까? 만일 하느님이 존재하지 않는다면, 그땐 인간이 지상의, 세계의 우두머리가 되겠지. 굉장한 일이야! 하느님이 존재하지 않는다면 어떻게 인간이 선행을 실천하는 존재가 되겠어? 그게 문제지! 나는 언제나 그 생각을 하고 있어. 그렇다면 인간은 누구를 사랑하게 될까? 누구에게 감사를 드리며, 누구를 찬송하게 될까? 라키친 녀석은 웃고 있었지. 인류는 하느님 없이도 사랑을 나눌 수 있다는 거야. 그처럼 돼먹지 못한 애늙은이나 그런 주장을 펼 수 있겠지만 나는 이해할 수가 없어. 라키친한테 인생이란 대수롭지 않은 모양이야. "당신은 인간의 시민권 신장을 위해서나 쇠고기 값이 오르지 않도록 활동하는 편이 더 나을 거요. 인류에 대한 사랑이라는 측면에서 그 편이 철학보다 더 손쉽고 가까운 길이니까"라고 오늘 나한테 말하더군. 그 말에 대해 나도 이렇게 쏘아붙였지. "하느님이 존재하지 않는다면 자넨 자기 이익을 위해 쇠고기 값을 올릴 테지, 그래서 1코페이카로 1루블을 벌어들이겠지"라고 말이야. 그러자 화를 벌컥 내더군. 그런데 선행이란 대체 뭘까? 나한테 대답해 줄 수 있겠니, 알렉세이? 나한테 이런 선행이 있다면, 중국 사람한테는 다른 선행이 있겠지. 그러니 상대적인 것이잖아. 그렇지 않니? 아니면, 절대적인 것일까? 정말 어려운 문제야! 내가 이 문제 때문에 이틀 동안이나 잠을 자지 못했다고 말하더라도 비웃지는 않겠지. 요즘 나는 사람들이 살아가면서 이 문제에 대해서는 전혀 고려하지 않고 있다는 사실에 놀라고 있어.

—도스토예프스키 〈카라마조프 가의 형제들〉

(아)

　우리가 볼 때 기표는 구제불능이었다. 그의 환경이 그를 그렇게 만들었다고 보기보다 선천적인 어떤 포악성을 가지고 있는 것처럼 보였다. 냉혈동물처럼 피가 찬지도 모르는 일이었다. 그는 뱀처럼 작고 징그러운 눈을 가지고 있었다. 그는 교활한 자들이 가끔 보이는 그런 거짓 착함마저도 나타내 보일 줄 몰랐다. 철저하게 악할 뿐이었다. 평생을 두고 사랑이라는 낱말로 미화될 수 있는 행동거지를 해 보일 인간과는 거리가 멀어 보였다. 물론 그는 자신의 그런 포악성 때문에 누구에게도 사랑받지 못할 것이다. 그의 표정은 항상 독기를 음울하게 깔고 있어 맞서는 사람으로 하여금 섬뜩함을 느끼게 했다.

그런데 이해하기 어려운 것은 중학교 때부터 기표를 알고 지내온 아이들(대부분 3학년이거나 졸업했다)은 기표가 그처럼 철저하게 나쁜 애임에도 불구하고 그에 대해서 좋지 않게 말하는 것을 들어본 적이 없다는 것이다. 물론 좋은 애라고 말하는 일도 없었지만 아무도 기표를 욕하지 않았다. 피해를 직접 받은 애들마저도 기표에 대해 나쁘게 말하지 않았다.

말하길 꺼려하는 거야. 악에 대한 공포 때문이지.

나는 이렇게 생각해 보았다. 그러나 나는 내 생각이 옳지 않음을 내 자신의 경험 속에서 너무나 잘 알고 있었다. 기표에 대한 공포는 그에게 린치를 당할 때뿐이었다. 내가 린치를 당한 사실을 아무에게도 털어놓지 않은 것은 앙갚음에 대한 두려움 때문이 아니었다. 나는 또한 그처럼 무자비한 린치를 당했으면서도 그를 미워할 수가 없었다. 무언가 헤아릴 수 없는 힘이 그에게 있는 것 같았다.

—전상국 〈우상의 눈물〉

[문제 1] 위 제시문은 모두 신 혹은 선악의 문제에 대한 일정한 가치 판단을 담고 있다. 이 중 제시문 (가), (나), (다), (라)의 내용을 요약하고, 관점의 유사성에 따라 묶어 정리하시오.

[문제 2] [문제 1]에서 정리한 내용에 근거하여 제시문 (사)의 화자의 견해에 대한 자신의 입장을 밝히시오.

[문제 3] 제시문 (마), (바)의 논지를 설명하고 이에 근거하여 제시문 (아)에서 화자가 기표를 평가한 내용이 타당한지 논하시오.

[문제 4] 위 제시문을 유기적으로 연결하여 오늘날 우리가 추구해야 할 바람직한 선악관에 대해 논술하시오.

미국에서 1억부 이상 판매된 기적의 논술가이드
클리프노트가 한국에 상륙했다!!

방대한 고전을 하루만에 독파하는 스피드
다락원 명작노트 CliffsNotes™ 시리즈는

▶ 미국대학위원회, 서울대, 연·고대 추천 고전을 알기 쉽게 재구성한 대한민국 대표 논술교과서 입니다. ▶ 작품의 핵심내용과 사상, 역사적 배경, 심볼, 작가의 의도 등을 명확하게 정리하여 방대한 원작을 쉽고 빠르게 이해할 수 있게 해줍니다. ▶ 미국에서 리포트, 논술용으로 1억 부 이상 팔린 초베스트셀러의 명성에 비평적 사고와 논리적 글쓰기의 모델을 제시하는 〈一以貫之〉의 논술 노트를 통해 사고 능력, 읽기 능력, 쓰기 능력을 체계적으로 길러줍니다.

★ 〈一以貫之〉 논술연구모임: 대입 논술이 시작될 때부터 학원과 학교에서 논술을 가르쳐온 전문가들의 모임입니다. 현재 서울·분당·평촌·인천·광주·부산·울산 등의 유명 학원과 고등학교의 논술강의 현장에서 학생들이 '자신의 물음'과 '자신의 생각'을 갖고 '자신의 글'을 쓸 수 있도록 도와주고 있습니다.

다락원 명작노트 CliffsNotes™ 시리즈 50권 출간

001 걸리버 여행기　002 동물농장　003 허클베리 핀의 모험　004 호밀밭의 파수꾼　005 구약 성서

006 신약 성서　007 분노의 포도　008 빌러비드　009 이반 데니소비치의 하루　010 카라마조프 가의 형제들

011 순수의 시대　012 안나 카레니나　013 멋진 신세계　014 캉디드　015 캔터베리 이야기　016 죄와 벌

017 크루서블　018 몽테크리스토 백작　019 데이비드 코퍼필드　020 프랑켄슈타인　021 신곡

022 막대한 유산　023 햄릿　024 어둠의 심연 外　025 일리아드　026 진지함의 중요성　027 제인 에어

028 앵무새 죽이기　029 리어 왕　030 파리대왕　031 맥베스　032 보바리 부인　033 모비딕

034 오디세이　035 노인과 바다　036 오셀로　037 젊은 예술가의 초상　038 주홍 글씨　039 테스

040 월든　041 워더링 하이츠　042 레미제라블　043 오만과 편견　044 올리버 트위스트　045 돈키호테

046 1984년　047 이방인　048 율리시스　049 실낙원　050 위대한 개츠비